VILMA ROSA

AUTORITARISMO

Lafonte

Brasil · 2020

Título – Autoritarismo
Copyright © Editora Lafonte Ltda. 2020

ISBN 978-5870-018-0

Todos os direitos reservados.
Nenhuma parte deste livro pode ser reproduzida por quaisquer meios existentes sem autorização por escrito dos editores e detentores dos direitos.

Direção Editorial	**Ethel Santaella**
Organização e Revisão	**Ciro Mioranza**
Diagramação	**Demetrios Cardozo**
Imagem de capa	**Art Furnace / Shutterstock**

```
Dados Internacionais de Catalogação na Publicação (CIP)
         (Câmara Brasileira do Livro, SP, Brasil)

   Rosa, Vilma
      Autoritarismo / Vilma Rosa. -- São Paulo :
   Lafonte, 2020.

      Bibliografia.
      ISBN 978-65-5870-018-0

      1. Autoritarismo - História 2. Autoritarismo -
   Brasil - História I. Título.

20-44653                                    CDD-320
```

Índices para catálogo sistemático:

1. Autoritarismo politico : Ciência política   320

Cibele Maria Dias - Bibliotecária - CRB-8/9427

Editora Lafonte

Av. Profª Ida Kolb, 551, Casa Verde, CEP 02518-000, São Paulo-SP, Brasil
Tel.: (+55) 11 3855-2100, CEP 02518-000, São Paulo-SP, Brasil
Atendimento ao leitor (+55) 11 3855- 2216 / 11 – 3855 – 2213 – atendimento@editoralafonte.com.br
Venda de livros avulsos (+55) 11 3855- 2216 – vendas@editoralafonte.com.br
Venda de livros no atacado (+55) 11 3855-2275 – atacado@escala.com.br

Impressão e Acabamento
Gráfica Oceano

ÍNDICE

05	Introdução
06	*Auctoritas* ou o conceito de autoridade
10	O autoritarismo
15	1. O indivíduo autoritário
16	A personalidade autoritária
24	O brasileiro autoritário
33	2. O pensamento autoritário
36	As bases do pensamento autoritário
48	Do pensamento autoritário às práticas autoritárias
51	Massacre da Noruega
52	Manifestação *"Unite the Right"*
53	*300 do Brasil*
54	Uma análise dos três eventos
71	3. O Estado autoritário
73	Tipos de Estados autoritários
80	As experiências brasileiras com o autoritarismo
80	Era Vargas

82	Ditadura Militar
84	O retrocesso das democracias
91	Conclusão
95	**Referências bibliográficas**

INTRODUÇÃO

O autoritarismo é um tema que tem ocupado cada vez mais espaço no debate político da atualidade. Na transição dos séculos XX e XXI, com a derrocada de governos ditatoriais e o fortalecimento das instituições democráticas no Brasil e no mundo, acreditava-se que o autoritarismo fosse uma questão já superada. Nos últimos tempos, no entanto, com a emergência de governos, grupos e líderes políticos, cujos discursos e práticas vieram carregados de posicionamentos autoritários, a temática do autoritarismo tem sido retomada com muita intensidade por parte das pessoas, provocando debates acalorados e trazendo muitas dúvidas acerca de seu significado. Seja no campo político, nas instituições ou no pensamento das pessoas, o autoritarismo ressurge como uma sombra assustadora. Afinal o que é o autoritarismo? Que ameaças à sociedade ele representa? Como se manifesta?

Para chegarmos às respostas para estas e muitas outras questões que surgirão ao longo da nossa jornada, é importante dizer que o autoritarismo é um conceito muito complexo e de difícil definição. Não há consenso no universo das ciências sociais para seu significado. Por esse motivo nossa caminhada deverá passar, obrigatoriamente, por uma abordagem multidisciplinar do tema. Será com o auxílio da gramática, da psicologia, da sociologia, da política e da história, que buscaremos os fundamentos para nossa análise. Com base no confronto dessas diferentes perspectivas científicas, construiremos, juntos, uma abordagem possível para a definição do termo. Abordagem essa que não tem a pretensão de encerrar o tema, mas de tentar trazer alguma luz sobre esse importante debate para os dias atuais.

Auctoritas ou o conceito de autoridade

Segundo o dicionário, o termo autoritarismo é formado pelas palavras "autoritário" mais o sufixo "-ismo" e significa a qualidade do que é autoritário ou um conjunto de princípios ou procedimentos autoritários. Autoritário, por sua vez, deriva do latim e é formado pela junção da palavra "*auctoritas*" mais o sufixo "*-arius*". Significa algo relativo à autoridade, que se impõe por força da autoridade. Nesse ponto observamos que, para além de uma análise morfológica da palavra autoritarismo, para que possamos mergulhar no seu conceito propriamente dito, é necessário que analisemos antes a ideia de autoridade.

Autoridade é, segundo o dicionário, o direito que uma pessoa ou entidade tem, legitimada de alguma forma, de se fazer obedecer diante de outras pessoas ou outras entidades. A autoridade seria então o direito de comandar, enquanto o poder seria a força por meio da qual se pode obrigar alguém a obedecer. Um depende do outro. Em outras palavras, autoridade pode ser entendida como a expressão do poder de um (ou a minoria) sobre os outros (ou a maioria).

Podemos afirmar, por consequência, que não existiria hierarquia, se não houvesse a figura da autoridade. Praticamente todas as relações de poder são, em maior ou menor medida, relações de autoridade, desde as formas mais simples às mais complexas. Por exemplo, numa família, os pais são autoridade diante dos filhos. Numa empresa, o patrão é a autoridade diante de seus funcionários. Numa prefeitura, o prefeito é autoridade diante dos outros funcionários públicos que, por sua vez, são autoridades diante do resto da população. Ou seja, a figura da autoridade é fundamental para a organização de uma estrutura hierárquica que, por sua vez, é a base da organização social contemporânea.

Agora, o que legitima a autoridade, ou melhor, o que faz com que a autoridade seja reconhecida perante a sociedade como sendo legítima, aceitável, não necessariamente passa por um ordenamento oficial. No caso do prefeito, por exemplo, o que o legitima como sendo a autoridade máxima do município é o processo eleitoral. Ele, no caso, passou por um ordenamento oficial, legal, juridicamente comprovado. No entanto há casos em que a ascensão da autoridade está vinculada a um processo extraoficial, culturalmente construído. Por exemplo, uma benzedeira numa comunidade é uma autoridade no universo da medicina popular. Tudo o que ela faz é aceito e tudo o que ela ordena é cumprido pelas pessoas que a procuram. O que legitima seu poder de convencimento diante de sua comunidade é dado pelos saberes e fazeres que ela adquiriu de seus antepassados, transmitidos de geração em geração. Ou seja, ela não foi legalmente ordenada, como o prefeito, mas recebeu o status de autoridade com base no seu conhecimento ancestral.

O jurista e sociólogo alemão Max Weber, em seu livro *Economia e Sociedade*, trouxe muitas contribuições para a análise do tema autoridade. Segundo ele, toda autoridade necessita despertar a crença em sua legitimidade e que, dependendo da natureza dessa legitimidade, há um tipo especifico de obediência, assim como um quadro administrativo próprio para mantê-la e o caráter da dominação exercida. Para organizar essas diferenças, o sociólogo propôs uma classificação das formas de autoridade em *"três tipos puros de dominação legítima": a dominação legal, a dominação tradicional e a dominação carismática.*

A *dominação legal* seria baseada na racionalidade. A legitimidade desse tipo de autoridade é dada por um estatuto jurídico. Ela é nomeada formalmente para exercer seu poder. A *dominação tradicional* tem por base as próprias tradições. A legitimidade dessa autoridade é formada na crença das tradições vigentes. Sua ascensão ao poder é parte de um processo cultural, não legalizado. A *dominação carismática* é de caráter também carismático. A legitimidade desse tipo de autoridade tem por base a vivência da pessoa que a exerce, o caráter heroico ou exemplar da vida da autoridade diante dos demais membros da comunidade.

De acordo com Weber, então, o prefeito (que citamos como exemplo acima) estaria classificado como um tipo de autoridade *legal*, assim como o caráter de sua legitimação seria de natureza *racional*. Já a benzedeira (nosso outro exemplo), se encaixaria na autoridade *carismática*, com legitimidade também designada *carismática*.

Outro fator importante levantado por Weber é o princípio de que toda *dominação legítima* pressupõe uma disposição por parte do dominado em se deixar dominar. O dominador e o dominado respeitariam, portanto, um acordo tácito entre si. Esse acordo poderia ser desfeito a qualquer momento por uma das partes ou simplesmente não atualizado. Ou seja, num caso extremo de descontentamento, o povo pode solicitar um impeachment do prefeito ou simplesmente deixar de elegê-lo nas eleições seguintes. De sua parte, o prefeito também teria o poder de romper com o acordo existente entre ele e seu povo, renunciando ao cargo.

Assim sendo, o poder da autoridade é limitado e ordenado segundo a legitimidade que possui no seu âmbito de atuação. Esse contrato social estabelecido entre a autoridade e seus subordinados tem prazo de validade. De tempos em tempos, a legitimidade do poder da autoridade necessita ser reafirmada. Dessa forma, dentro da lógica da autoridade fundada sobre a legitimidade democrática, o prefeito, para se manter no poder, necessita da renovação periódica do processo eleitoral. Já a autoridade carismática da benzedeira, por exemplo, para manter sua condição de poder perante seus seguidores necessita, de vez em quando, promover ações extraordinárias ou miraculosas que confirmem a crença de que possui poderes de cura.

Seguindo esse raciocínio, um indivíduo ou instituição que tenha ascendido ao poder ou tentado prolongar seu tempo de mando de maneira ilegítima, usando de artifícios violentos de autoimposição e esvaziando os mecanismos consensuais da democracia, poderá até alcançar o poder que almeja, mas não possuirá a autoridade. O rompimento dos princípios da legitimidade pactuados entre dominador e dominado, portanto, leva ao autoritarismo. Sem legitimidade não há autoridade. Sem legitimidade há o autoritarismo.

O Autoritarismo

Agora que já temos desenhada uma noção de autoridade, podemos enxergar com maior clareza que a extrapolação dela, desobedecendo-se aos limites do contrato social que a legitima, culmina no autoritarismo. Em outras palavras, podemos dizer que o autoritarismo é uma degeneração do princípio de autoridade. Dessa forma, já sabemos de onde ele deriva; resta saber o que ele significa.

Nesse ponto, é fundamental que façamos uma distinção importante sobre os contextos em que o autoritarismo se manifesta. Afinal, podemos empregar o termo "autoritário" tanto para nos referirmos a uma pessoa com essas características, a uma corrente de pensamento, a uma ideologia política, a um grupo organizado, a uma instituição ou até mesmo a um regime político.

Segundo o dicionário Michaelis, por exemplo, autoritarismo é a qualidade do que ou de quem é autoritário; é o conjunto de normas ou princípios autoritários; é o exercício autoritário do poder; ou o sistema político em que o poder se concentra *nas decisões de uma autoridade que o exerce com rigor*[1]. Segundo esta definição, podemos, portanto, aferir que o autoritarismo pode se manifestar em três diferentes contextos: no âmbito individual ou psicológico (pessoa autoritária); no âmbito das ideias (corrente de pensamento, ideologias, grupos, instituições com normas e princípios autoritários); e no âmbito governamental ou nas estruturas do poder (regime político autoritário).

---

1 Fonte: http://michaelis.uol.com.br/busca?id=EMYq

No livro *Dicionário de Política*, obra organizada pelo filósofo político e historiador do pensamento político Norberto Bobbio, encontramos uma distinção que segue essa mesma lógica. Nessa obra, o verbete autoritarismo é desenvolvido pelo cientista político italiano Mario Stoppino. Nela, ele defende que o autoritarismo pode ser empregado em três diferentes contextos:

1. Na estrutura dos sistemas políticos – Na tipologia dos sistemas políticos, são chamados de autoritários os regimes que privilegiam a autoridade governamental e diminuem de forma mais ou menos radical o consenso, concentrando o poder político nas mãos de uma só pessoa ou de um só órgão e colocando em posição secundária as instituições representativas. (...)

2. Nas disposições psicológicas a respeito do poder – Em sentido psicológico, fala-se de personalidade autoritária quando se quer denotar um tipo de personalidade formada por diversos traços característicos centrados no acoplamento de duas atitudes estreitamente ligadas entre si: de uma parte, a disposição à obediência preocupada com os superiores, incluindo por vezes o obséquio e a adulação para com todos aqueles que detêm a força e o poder; de outra parte, a disposição em tratar com arrogância e desprezo os inferiores hierárquicos e em geral todos aqueles que não têm poder e autoridade.

3. Nas ideologias políticas – As ideologias autoritárias, enfim, são ideologias que negam de uma maneira mais ou menos decisiva a igualdade dos homens e colocam em destaque o princípio hierárquico, além de propugnarem formas de regimes autoritários e exaltarem amiudadas vezes como virtudes alguns dos componentes da personalidade autoritária.[2]

Em qualquer um dos três contextos apontados acima, o autoritarismo é marcado pela centralização da figura da autoridade, que impõe obediência incondicional sobre seus súditos, oprimindo sua liberdade, reduzindo ao mínimo sua participação no poder e usando, por vezes, de meios coercitivos para manter o controle e respeito à estrutura hierárquica imposta. Também se apresentam manifestações de agressividade à oposição, censura às opiniões, controle do pensamento e emprego de métodos agressivos de controle político e social.

Dessa forma, concordando que não há uma definição simplificada para o conceito de autoritarismo; que ele pode se manifestar em diferentes contextos; que cada um desses contextos possui suas especificidades; e objetivando melhor organizar nossas ideias, vamos desdobrar este capítulo em três diferentes tópicos: **1 - O Indivíduo autoritário; 2 – O pensamento autoritário;** e **3 - O Estado autoritário.**

---

2 BOBBIO, Norberto. *Dicionário de Política*. Verbete Autoritarismo, STOPPINO, Mario. Brasília: Editora UNB. 1998. Pg 94.

1 O INDIVÍDUO AUTORITÁRIO

Como já dissemos anteriormente, o autoritarismo não se manifesta apenas em estruturas políticas, mas também em uma dimensão psicanalítica. Dessa forma, podemos falar do autoritarismo que é manifestado por pessoas, que está introjetado em sua forma de pensar e de agir no mundo. O indivíduo autoritário, entre outras coisas, impõe sua autoridade de forma agressiva, é intolerante com aqueles que julga inferiores a ele, não é aberto ao diálogo, possui valores conservadores e tem tendências preconceituosas.

Identificar e classificar o indivíduo autoritário sempre foi assunto de interesse das Ciências Sociais, sobretudo da área da Psicologia Social. Os estudos direcionados a medir tendências autoritárias nos indivíduos estão historicamente ligados à ascensão de regimes totalitários como o nazismo e o fascismo, no início do século XX. Os pensadores do tema tinham profundo interesse em entender como esses regimes conquistaram grande apoio popular e como fenômenos como preconceito e etnocentrismo se relacionavam com o assunto.

O psicanalista, filósofo e sociólogo judeu alemão Eric Fromm, que havia emigrado para os EUA em 1934 depois da ascensão de Hitler, foi um dos primeiros cientistas que observaram uma relação entre o nazismo e o autoritarismo. Em seu estudo publicado em 1941 *O medo à liberdade*, Fromm destacou o aspecto ambivalente existente na personalidade autoritária, que é a relação entre autoridade e poder. Ele observou que o indivíduo autoritário é, ao mesmo tempo, submisso (em relação aos que julga superiores a ele) e dominador (em relação aos que julga inferiores a ele).

O psicólogo americano Nevitt Sanford e a psicóloga judia polonesa Else Frenkel-Brunswik (também forçada a deixar a Polônia por causa da perseguição antijudaica em 1938), por sua vez, dedicaram seus estudos na identificação de traços antissemitas e etnocêntricos no indivíduo autoritário.

Foi somente em 1950, no entanto, com a publicação do trabalho de Theodor Adorno (em parceria com diversos cientistas, entre os quais Sanford e Frenkel) que os estudos sobre o indivíduo autoritário deram um salto gigantesco. Nascia assim o conceito de *personalidade autoritária*.

A personalidade autoritária

Sobre a dimensão psicanalítica do autoritarismo, o primeiro grande estudo científico realizado acerca do tema se deu no contexto do fim do fascismo na Itália e do nazismo na Alemanha, e estava profundamente ligado à necessidade que a intelectualidade tinha em entender como fenômenos tão reprováveis, do ponto de vista moral, tiveram espaço para se desenvolver. Com a ascensão de Hitler ao poder e influenciados por um turbulento panorama político que se apresentava, com perseguição da imprensa livre e da liberdade de pensamento, tanto o Instituto para Pesquisa Social da Universidade de Frankfurt (também conhecido como "Escola de Frankfurt"), na Alemanha, quanto grande parte de seus pesquisadores (a maioria judeus) emigraram para os Estados Unidos. Já em solo estadunidense, começaram a desenvolver importantes pesquisas no campo psicossocial. Nos anos 50, finalmente, foi publicada a obra *A Personalidade Autoritária*, como resultado de um amplo conjunto de trabalhos de investigação psicossocial sobre preconceito e autoritarismo.

A pesquisa usou como evidência estudos de caso nazistas, testes psicométricos (uso da Escala F, de Fascismo) e entrevistas clínicas. A pesquisa objetivava, através da investigação, mapear, em indivíduos, tendências subjetivas associadas a atitudes preconceituosas, conservadorismo político e potencial fascista. Em outras palavras, buscava identificar padrões psicossociais entre os pesquisados que apontassem neles uma tendência ao autoritarismo. No inicio do estudo, foram aplicados questionários que eram compostos por perguntas simples. Não se faziam perguntas diretas sobre o posicionamento político ou ideológico do indivíduo, mas perguntas relacionadas ao seu cotidiano. Nesse momento, o objetivo de tais questionários era o de identificar, nas respostas, princípios correlatos ao nazismo/fascismo, como etnocentrismo, antissemitismo e conservadorismo político-econômico. Depois desse momento, desenvolveu-se um único formulário composto por 78 itens, que pretendia verificar a ideologia política subjacente a esses grupos. Esse novo instrumento foi denominado Escala F de Fascismo. Por último, os trabalhos foram validados por meio de grupos focais e entrevistas clínicas com sujeitos que obtivessem determinada pontuação na Escala F.

O fim da pesquisa resultou no levantamento de nove traços de personalidade que seriam típicos do indivíduo autoritário:

1 – Convencionalismo – Apego aos valores convencionais, às normas morais e uma inclinação a punir quem não as segue. A personalidade apegada ao convencionalismo possui um grande potencial de seguir ordens externas, não importando a natureza delas.

2 – Submissão autoritária – Submissão acrítica com relação à autoridade. O indivíduo respeita cegamente a hierarquia, sem questionamentos. Está associada ao desejo por um líder forte e moralmente respeitado. Esse fator não está relacionado ao respeito equilibrado que se possa ter por determinada autoridade, mas à necessidade exagerada de submissão a um líder idealizado, detentor de carisma e virtudes morais específicas. Essa dimensão elimina uma visão crítica dos rumos da sociedade, deixando espaço apenas para à obediência servil e cega.

3 – Agressividade autoritária – Diz respeito à tendência que o indivíduo tem de condenar, rejeitar e punir violentamente as pessoas que violam os valores convencionais e tradicionais. Está relacionada à *submissão autoritária*, pois ao mesmo tempo em que o indivíduo tem uma atitude altamente subserviente perante quem ocupa um nível superior ao seu na escala hierárquica, age com extrema arrogância e rigidez com quem está abaixo dele.

4 – Destrutividade e cinismo – Hostilidade generalizada contra a natureza humana. O indivíduo apresenta comportamento hostil e desprezo por tudo o que é humano.

5 – Poder e rudeza – Importância exagerada pelas relações de poder e crença na necessidade de oprimir para ser respeitado. O indivíduo se apoia na autoafirmação de seu poder, agindo com total desprezo por quem julga inferior.

6 – Superstição e estereotipia – Crença mística no destino do homem. O indivíduo tem uma propensão a raciocinar segundo esquemas pré-elaborados. O pensamento supersticioso se apresenta como uma possibilidade de fuga de responsabilidade. Cria-se uma redoma mística em torno dos líderes, onde tudo é extraordinário e divino. Sobre a estereotipia, ela se refere a uma tendência a reducionismos simplistas diante de questões complexas.

7 – Exteriorização – Anti-intracepção. Oposição a tudo o que é subjetivo, imaginativo, criativo. O indivíduo apresenta uma predileção ao concreto, tangível, claramente experimentável em contraposição aos sentimentos, fantasias e especulações. Talvez esse comportamento resida no medo da introspecção.

8 – Projeção ou projetividade – Percepção do mundo como perigoso e capacidade de transferir problemas interiores para o mundo exterior. O indivíduo projeta questões que estão dentro de si (impulsos, tabus, fraquezas, temores) no outro.

9 – Preocupação com sexo – Atitude exageradamente preocupada com a sexualidade. O indivíduo apresenta uma atitude ansiosa e repressiva no que diz respeito à sexualidade.

Ao identificar esses padrões de personalidade em indivíduos com tendências autoritárias, o estudo buscava entender quais fatores psicossociais tornaram possível o indivíduo do tipo autoritário ameaçar ocupar o posto do indivíduo do tipo democrático, facilitando a abertura de caminho para a instauração de regimes totalitários.

Também, embora o estudo se refira a "personalidade" autoritária, não se tratava da tentativa de individualizar a responsabilidade pelo autoritarismo, tampouco de moralizar a questão, mas, ao contrário, de chamar a atenção para a existência de um sujeito tipicamente autoritário, que respondia a um modelo capitalista de ser. Portanto, as manifestações de cunho fascistas não estariam relacionadas a um desvio patológico, mas como um resultado de uma construção psicológica e social baseada em uma ordem social capitalista altamente opressora. Ou seja, a formação do indivíduo autoritário estaria intimamente ligada a questões de ordem econômica, cultural e social.

Theodor Adorno, um dos principais expoentes do estudo realizado pelos pensadores de Frankfurt, observou também que os indivíduos com personalidades autoritárias tendiam a categorizar as pessoas como "nós" e "eles", colocando "eles" em um nível inferior ao seu. Isso explicaria a forma como racistas tratariam as minorias étnicas. Se "eles" não fazem parte do meu grupo, logo são meus opositores e, como opositores, devem ser combatidos, subjugados, postos "no seu devido lugar". Segundo Adorno, pessoas que tiveram uma educação rígida e foram hostilizadas na infância por seus pais (que dentro da hierarquia familiar ocuparia uma posição superior com relação aos demais membros da família), tendiam a desenvolver uma personalidade autoritária na vida adulta, reproduzindo comportamentos hostis com indivíduos de um status inferior.

O grande ensinamento de Adorno e dos pensadores de Frankfurt foi de apontar o perigo que personalidades autoritárias representam para a manutenção da democracia. A questão é que, em dadas situações, os indivíduos com personalidade autoritária não teriam que fazer qualquer esforço moral para se adequarem a pautas discriminatórias e antidemocráticas, uma vez que esses princípios já estariam contidos nos seus modos subjetivos de se relacionarem com o mundo. O indivíduo autoritário seria, então, um facilitador para o surgimento e manutenção de regimes totalitários.

Embora tenha se tornado uma grande referência no que diz respeito aos estudos do autoritarismo, a pesquisa dos pensadores de Frankfurt, no entanto, foi alvo de algumas críticas. Uma das críticas reside no fato dela se referir apenas ao autoritarismo do tipo fascista, dando a entender que seria este um fenômeno exclusivo de extrema direita. Outra questão levantada era de ordem técnica e se referia ao método utilizado. Dizia-se que a ordem das perguntas poderia induzir determinado tipo de resposta, principalmente para as pessoas de baixa renda e com baixo nível de instrução, que tendiam a não discordar das afirmações feitas nos questionários aplicados. Isso fazia levar a crer que pessoas menos instruídas teriam maiores predisposições ao autoritarismo. A derradeira crítica feita, que pontuaremos aqui, se refere ao fato de o estudo privilegiar uma análise psicanalítica em detrimento de uma análise sociocultural do autoritarismo. Os críticos dessa abordagem defendem que uma interpretação mais aproximada da realidade deveria passar, necessariamente, por uma consideração aprofundada do ambiente social, das situações e dos grupos que podem influenciar na formação da personalidade das pessoas. Com vistas a corrigir esse tipo de distorção, alguns estudiosos propuseram uma nova explicação para a formação da personalidade autoritária: o autoritarismo cognitivo, segundo o qual os traços de personalidade autoritária se baseariam em condições muito específicas, de um determinado grupo, dentro de uma determinada cultura.

Seguindo a busca científica por identificar traços de personalidade autoritária nos indivíduos, o escritor Seymour Martin Lipset, no capítulo "O autoritarismo da classe trabalhadora" de seu livro *O homem político*, publicado em 1959, vai se debruçar, particularmente, sobre o autoritarismo existente na base da sociedade. Ele vai buscar o porquê da alta adesão de setores mais baixos da sociedade a movimentos extremistas e intolerantes. Ele não nega, contudo, que não existam tendências autoritárias nas classes sociais mais elevadas, mas aponta para o fato de que, ao longo dos tempos, as classes mais baixas se tornaram cada vez mais autoritárias, contrariando, inclusive, a máxima do pensamento comunista de que estaria no proletariado a força pela liberdade.

As categorias levantadas por Lipset em seu estudo na definição do sujeito com tendências autoritárias não são idênticas às levantadas por Adorno e seus parceiros, mas muito próximas. Entre elas podemos citar: uma baixa sensibilidade às liberdades civis; defesa de códigos morais tradicionais e intolerância radical a quem os viola; propensão a participar de campanhas contra minorias (étnicas ou religiosas); tendência a apoiar partidos extremistas; etc. Para Lipset, os possíveis fatores que empurrariam a classe trabalhadora para o autoritarismo seria a natureza da sua própria condição social, marcada por um baixo nível de instrução, uma baixa participação política (partidos, associações de classe, sindicatos), pouca leitura, acesso escasso à informação, isolamento relacionado ao tipo de trabalho desempenhado (isso se aplicaria mais a trabalhos rurais, ou de tipo muito específico, como mineiro, por exemplo), insegurança econômica e psicológica pelo autoritarismo vivenciado no meio familiar. Esses fatores seriam, portanto, elementos determinantes na formação do proletariado autoritário.

O brasileiro autoritário

Os resultados das últimas eleições no Brasil (para presidente da República, governadores, senadores, deputados federais e deputados estaduais) trouxeram uma onda política de orientação autoritária, que três décadas depois do início do nosso último período democrático, acreditávamos ter sido superada. As eleições de 2018, marcadas por uma aguda polarização esquerda/direita, mostraram a força que uma pauta extremamente conservadora, moralista e autoritária tinha entre os brasileiros. Agendas políticas contra, por exemplo, o aborto, a legalização das drogas, a laicidade do Estado, a união homoafetiva, a imigração; e de apoio ao porte de armas, ao poder letal da polícia, etc., foram fundamentais para a vitória da maioria desses candidatos.

Esse perfil de eleitorado, capaz de dar suporte a uma agenda política tão abertamente antidemocrática, nos faz questionar alguns mitos construídos pelo senso comum ao longo de nossa História, e que de certa forma foram produtos de exportação do país, como a ideia do brasileiro enquanto figura simpática, gentil, pacífica, agregadora, receptiva, amável, cordial, tolerante, não racista, etc. Enfim, adjetivos sempre positivos, que remetiam à ideia de um brasileiro quase que moralmente sem defeitos, "de coração puro".

Esses mitos, contudo, há muito têm sido questionados; afinal, como podemos falar, por exemplo, que o brasileiro não é racista, se a realidade da vida cotidiana diz exatamente o inverso? Segundo o relatório "Desigualdades sociais por cor ou raça no Brasil", publicado pelo IBGE em 2019, o percentual de pretos e pardos que ocupam cargos gerenciais no Brasil era em, 2018, de 29,9%, enquanto o percentual de brancos na mesma função era de 68,6%. No quesito distribuição de renda, referente à população abaixo da linha de pobreza, o percentual de pretos e pardos que sobreviviam em 2018 com renda inferior a US$ 1,9/dia foi de 8,8%, enquanto de brancos na mesma condição foi de 3,6%. No quesito representação política, sobre os deputados federais eleitos em 2018, 24,4% é representado por políticos pretos e pardos, enquanto o percentual de brancos é de 75,6%. Apesar dos avanços alcançados a partir dos anos 2000, com a adoção por parte do governo federal de políticas de ações afirmativas voltadas para a diminuição das desigualdades raciais no país, os números acima detalhados ainda representam o absurdo abismo racial existente no Brasil. Números estes que colocam uma pedra definitiva sobre o mito do brasileiro não racista.

Dessa forma, tendo esses mitos acerca do brasileiro "de coração puro" superados pela realidade cotidiana, o desafio que se coloca agora é o de se descobrir quem então seria esse brasileiro médio? Quais suas características? Qual seu perfil básico? Quais as implicações disso para a manutenção das estruturas democráticas?

Em 2017, o Fórum Brasileiro de Segurança Pública, a pedido do Instituto Datafolha, realizou a pesquisa *Medo da violência e o apoio ao autoritarismo no Brasil – Índice de propensão ao apoio a posições autoritárias*, cujos resultados revelaram que o brasileiro possui fortes características autoritárias e, consequentemente, apresenta grande inclinação a apoiar posicionamentos do tipo autoritário. Em uma escala de 0 (zero) a 10 (dez), em que 0 representa nenhuma propensão ao apoio a posições autoritárias e 10 representa total adesão, o brasileiro médio recebeu a impressionante e assustadora nota **8,10**.

A pesquisa realizada tomou por base justamente o estudo da *Personalidade autoritária*, de Adorno e demais pensadores. No estudo brasileiro, no entanto, a escala utilizada se concentrou apenas nos três primeiros traços de personalidade levantados pela pesquisa original: *convencionalismo, submissão autoritária* e *agressividade autoritária*. A partir desses três traços de personalidade, foram desenvolvidas 17 assertivas, que foram aplicadas pelo Instituto Datafolha em 2.087 pessoas, com 16 anos (maioridade eleitoral) ou mais, em 130 municípios brasileiros, de pequeno, médio ou grande porte, entre os dias 7 e 11 de março de 2017. Os questionários foram estruturados em seis níveis de concordância com relação às frases lidas pelo entrevistador: concorda totalmente, concorda, concorda parcialmente, discorda parcialmente, discorda e discorda totalmente. Cada resposta correspondia a um valor numérico (escala de 0 a 10), que ao final gerava uma pontuação para o entrevistado.

Depois de processados, os dados resultaram em uma nota média de **8,10**, o que poderia ser considerado indicativo de forte propensão do povo brasileiro, de maneira geral, ao autoritarismo.

A análise desses dados, no entanto, mostrou que algumas variáveis, como idade, formação ou classe social dos entrevistados, poderiam exercer influência nos resultados, conforme observamos abaixo:

- **Variável escolaridade:** revelou que quanto menor o nível educacional do entrevistado, maior a propensão a ideias autoritárias.

- **Variável faixa etária:** revelou que há maior propensão ao autoritarismo em indivíduos de 16 a 24 anos e acima de 45. Por outro lado, mostrou que indivíduos entre 25 e 44 anos seriam levemente menos propensos ao autoritarismo.
- **Variável cor/raça:** revelou que a maior propensão ao autoritarismo se dá entre os autodeclarados pardos, seguidos pelos autodeclarados pretos e por último, os autodeclarados brancos.
- **Variável classe socioeconômica:** revelou que quanto maior a autonomia econômica alcançada, menor é a suscetibilidade às tentações autoritárias. Assim, o gráfico mostra uma menor propensão ao autoritarismo na classe A e uma escalada ascendente até o grupo D/E (o mais autoritário).
- **Variável porte dos municípios:** revelou que quanto menor o porte do município, maior a propensão ao autoritarismo.
- **Variável macrorregião do país:** revelou que a maior propensão para o autoritarismo no país, está localizada na macrorregião Nordeste, seguida pelo Sul, Centro-Oeste e Norte e, por último, o Sudeste.

A análise dos especialistas sobre o resultado da pesquisa, associada às variáveis, aponta para algumas obviedades, mas também para algumas surpresas. Era de se esperar, por exemplo, que o baixo nível de escolaridade fosse fator de propensão ao autoritarismo e o resultado da pesquisa confirmou isso. Nessa linha também estão as variáveis por classe socioeconômica e porte dos municípios, sem maiores surpresas.

Não obstante, algumas variáveis trouxeram resultados intrigantes. Entre eles, podemos tomar como exemplo a variável faixa etária. Era de se esperar que quanto maior a idade, maior propensão a valores autoritários. No entanto, uma das faixas de idade fugiu à regra e quebrou esse padrão: 16 a 24 anos. Segundo os analistas da pesquisa, isso pode ser explicado pelo fenômeno de ascensão de movimentos políticos juvenis de direita, após as manifestações de 2013, e do processo de impeachment da presidente Dilma Rousseff, potencializados pelas redes sociais.

Essa pesquisa, realizada em 2017, nos trouxe um retrato alarmante sobre o perfil psicossocial profundamente autoritário do povo brasileiro e sobre como o país parecia, naquele ano, dar sinais de flerte com a deslegitimação das instituições democráticas. Isso ficou evidenciado no ano seguinte, em 2018, com o resultado das eleições.

Mas será esse autoritarismo brasileiro, que mostrou toda a sua força nos últimos anos, um fenômeno novo? Se não, quais suas origens? Como ele se apresenta?

É justamente sobre a permanência do autoritarismo nas estruturas sociais brasileiras que a historiadora brasileira Lilia Schwarcz, em seu livro *Sobre o autoritarismo brasileiro*, vai se debruçar. Nos seus estudos, ela vai mergulhar no processo de formação da identidade brasileira para buscar as origens desse brasileiro autoritário. Nas palavras da própria autora, o objetivo do livro é reconhecer algumas das raízes do autoritarismo no Brasil, que têm aflorado no tempo *presente, mas que, não obstante, encontram-se emaranhadas nesta nossa história de pouco mais de cinco séculos*[3].

Segundo a autora, as origens do autoritarismo brasileiro estão intimamente ligadas ao nosso passado colonial e, para que possamos enxergar essas ligações passado/presente, é necessário que lancemos mão das seguintes mediações históricas: *escravidão e racismo; mandonismo; patrimonialismo; corrupção; desigualdade social; violência; raça e gênero; e intolerância*.

Sobre a mediação *escravidão e racismo*, por exemplo, a autora vai buscar no nosso passado escravocrata (marcado pela extrema violência a ela relacionada, a longevidade da escravidão e a especificidade do modelo brasileiro) as raízes do nosso racismo estrutural, que tem consequências até os dias atuais. Submetidos a uma jornada de trabalho de até 18 horas, alimentação precária, violência física e sexual, entre outras formas empregadas de poder e controle, a população negra era sistematicamente submetida ao autoritarismo branco.

---

3 SCHWARCZ, Lilia. *Sobre o autoritarismo brasileiro*. São Paulo: Companhia das Letras, 2020. Pag 21.

Mesmo depois da abolição, em 1888, a falta de uma política de inclusão desses escravos recém-libertos, relegou uma legião de pessoas negras à marginalidade, à fome, à precariedade. Nesse momento, chamado de pós-emancipação, era comum um dito popular que circulava pelas ruas do Rio de Janeiro que dizia: *A liberdade é negra, mas a igualdade é branca*. A frase se referia, por um lado, à liberdade negra recém-conquistada e, por outro, ao persistente padrão de desigualdade no país. Até os dias de hoje, ao que parece, a igualdade continua branca.

Dessa forma, podemos afirmar que o autoritarismo brasileiro não é um fenômeno recente, mas que está nas estruturas do nosso passado colonial e escravocrata. O autoritarismo é uma força dinâmica que permanece latente nas estruturas sociais e que, a cada momento histórico, exerce um determinado grau de pressão para sair. Em condições "perfeitas", essa força emerge. No caso brasileiro, essa condição "perfeita" foi dada por um contexto de crise econômica associada ao surgimento de lideranças políticas de extrema-direita, que normalizaram discursos, que até então, princípios democráticos conseguiam refrear. O que acontece hoje é que a personalidade autoritária encontrou suporte na estrutura política autoritária, assim como a estrutura política autoritária encontrou suporte nos indivíduos autoritários. Um legitimando a livre expressão do outro.

2 O PENSAMENTO AUTORITÁRIO

Num sentido geral, podemos dizer que o pensamento autoritário é uma elaboração intelectual que se baseia na defesa de um ordenamento social rigorosamente hierarquizado, na defesa da desigualdade entre as pessoas, no apoio radical a tradições e convencionalismos, na defesa de regimes autoritários e no enaltecimento de indivíduos de personalidade autoritária.

Aqui é importante que se diga que o que diferencia o pensamento autoritário da personalidade autoritária é que, enquanto o segundo nasce de uma elaboração psicossocial, num plano psicanalítico, o outro é uma elaboração intelectual, no plano das ideias. O pensamento autoritário é, portanto, um conceito filosófico, político e moral desenvolvido por uma pessoa de acordo com sua visão de mundo. Quando esse pensamento autoritário se organiza em um conjunto de princípios e normas, temos a *ideologia* autoritária.

Sobre a concepção de "ideologia autoritária", inclusive, o sociólogo alemão Juan Linz, em sua obra *Una teoría del régimen autoritario: el caso de España* (1964) vai levantar uma questão bastante pertinente. Para ele, não podemos falar de autoritarismo enquanto "ideologia", mas sim como "mentalidade". Isso porque as "ideologias" possuiriam um forte conteúdo utópico, de algo que se almeja para o futuro, enquanto as "mentalidades" estariam mais próximas do presente ou do passado, de algo que se quer manter ou retomar. Dessa maneira, poderíamos afirmar que os regimes totalitários, estes sim, teriam "ideologias", enquanto os regimes autoritários teriam "mentalidades".

De fato, no totalitarismo, o grau de mobilização exercido sobre a população é total, é massificado. A ideologia totalitária é, portanto, um movimento de massa. O autoritarismo, por sua vez, não tem capacidade de mobilização, porque simplesmente não possui, segundo o autor, uma ideologia que a sustente. A mentalidade autoritária, dentro dos regimes, funcionaria mais como uma forma de justificar ou camuflar esses governos do que controlar a mente das pessoas, como ocorre no totalitarismo.

Contrapondo-se a Linz, o sociólogo estadunidense John B. Thompson, em seu livro *Ideology and modern Culture* (Ideologia e cultura moderna), publicado em 1990, vai dizer que as ideologias são sistemas de "formas simbólicas", que operam na legitimação de determinadas estruturas de dominação e que não são necessariamente uma mistificação da realidade. Para ele, as ideologias não devem ser vistas como oposição à verdade, mas em função das suas relações com o poder. Ou seja, a ideologia não deve ser vista como uma simples ilusão, desconectada da realidade, pois se trata de uma manifestação simbólica do poder que, por sua vez, é real.

Além de defendermos o uso do termo ideologia, conforme sugere Thompson, há outras questões relevantes, sobretudo quando saímos da análise de ideologias como base de sustentação de regimes/governos, e partimos para a análise das ideologias autoritárias enquanto base de sustentação para grupos autoritários organizados. Nesse aspecto, o termo "mentalidade", conforme sugere Linz, não alcançaria o sentido do poder de mobilização e ação que o termo "ideologia" tem.

Segundo a filósofa brasileira Marilena Chauí (*O que é ideologia*, 1980), "ideologia" é entendida como um conjunto sistemático de pensamentos que tem o condão de indicar como aqueles que estão sob sua influência devem pensar, o que devem sentir, como devem agir. A "ideologia" tem, portanto, um caráter regulador, normativo.

Nessa nossa obra, portanto, entendemos as ideologias autoritárias como conjuntos sistemáticos e ordenados de pensamentos, doutrinas, símbolos, representações, ideias e visões de mundo, desenvolvidos por um indivíduo ou grupo, de natureza autoritária, e que podem se expressar por meio de uma ação social. Essa ação social se mobilizaria para legitimar uma estrutura de dominação existente ou que se pretenda existir.

Dessa forma, o presente capítulo vai se dividir em duas partes. Na primeira buscará as referências intelectuais do pensamento autoritário ao longo da História; e na segunda, abordará o pensamento autoritário organizado enquanto ideologia e suas consequências práticas para as sociedades. Entender a lógica do pensamento autoritário é fundamental, porque é a partir dele que, ao longo da História, determinadas ações políticas são impulsionadas, estimuladas, legitimadas. O poder de arregimentação e convencimento das ideias autoritárias, sobretudo em determinadas condições econômicas e sociais, é gigantesco e podem ter efeitos destrutivos para o estado democrático de direito.

As bases do pensamento autoritário

Nesse momento de nossa jornada, precisamos recuar no tempo para entender como o pensamento autoritário tem sido construído no decorrer da História, sobre como ele dialoga com seu momento histórico e sobre como influencia os rumos das sociedades. Para isso mergulharemos em algumas célebres produções intelectuais de orientação autoritária da Idade Contemporânea.

Do ponto de vista histórico, se considerarmos que o pensamento autoritário nasce da oposição aos princípios democráticos, só se pode falar de pensamento autoritário a partir do nascimento do liberalismo, ou seja, com a conflagração das Revoluções Inglesa e Francesa.

O historiador inglês Eric Hobsbawn, em seu livro *A era das Revoluções*, vai dizer que a maior questão levantada com a dupla revolução seria *a natureza da sociedade e a direção para a qual ela estava encaminhando ou deveria se encaminhar*[4]. Segundo ele, o pensamento político ficou dividido entre *os que acreditavam no progresso e os outros*. Ou seja, entre aqueles que, seguindo a lógica progressista burguesa, acreditavam que a história da humanidade deveria avançar através do conhecimento científico e do controle da natureza, e os que resistiam ao progresso, se opunham ao novo e defendiam o tradicionalismo e o convencionalismo. Dessa oposição ao pensamento progressista liberal, nascia o pensamento autoritário.

O liberalismo foi uma doutrina econômica, política e social, nascida no século XVIII, como oposição ao pensamento mercantilista absolutista, cujas práticas já não davam conta das necessidades do recém-nascido capitalismo. O liberalismo econômico, em linhas gerais, defendia um menor intervencionismo do Estado, deixando que o mercado seguisse naturalmente seu curso.

O primeiro grande intelectual do liberalismo foi o filósofo inglês John Locke, que, em sua obra *Dois tratados do Governo civil* (publicado em 1689), vai negar a origem divina do poder e defender a ideia de que todos os cidadãos deveriam ter direito natural à liberdade, à propriedade privada e poder de resistência contra governos tiranos. Para ele, o governo deveria ter um caráter mediador e não controlador.

---

4 HOBSBAWM, Eric. *A era das Revoluções: 1789 - 1848*. Rio de Janeiro: Paz e Terra, 1991, página 255.

Como reação a pensamentos liberais, alguns intelectuais vão defender a volta ao passado, a um modelo hierárquico de bases absolutistas. Tudo o que o liberalismo significava será fortemente combatido. Contra o pensamento racional, eles defenderão os dogmas da fé. Contra os direitos dos cidadãos, eles defenderão o dever de obediência absoluta ao rei. Contra o progresso, eles defenderão a tradição. Contra o ideal de igualdade entre os cidadãos, eles defenderão a natural desigualdade. Contra a ideia de soberania popular, eles defenderão que todo o poder vem de Deus.

O pensador, também inglês, Thomas Hobbes, por exemplo, acreditava que um soberano absoluto era fundamental para salvar o povo do que ele chamava de *estado de natureza*. Para Hobbes, os homens só poderiam viver em paz se se submetessem a um governo cujos poderes e funções fossem ilimitados. Esse governo deveria ser exercido por um soberano que garantiria o pleno funcionamento da sociedade e evitaria uma guerra de todos contra todos.

Na França, o pensamento autoritário vai encontrar eco na obra *La Politique tirée de l'Écriture Sainte* (A política extraída da Sagrada Escritura), publicada em 1709 e escrita pelo bispo, teólogo e escritor Jacques-Bénigne Bossuet. Nela, o autor vai defender o direito divino dos reis, argumentando serem os monarcas os representantes de Deus na Terra e que, portanto, teriam autoridade absoluta para *fazer o bem e reprimir o mal*. A França, nesse momento, vivia o apogeu do absolutismo, com o reinado de Luís XIV, um dos maiores expoentes do crescente absolutismo europeu na época.

Posteriormente, com a queda da Bastilha em 1789, marco da Revolução Francesa, que colocou fim ao regime absolutista, houve nova onda intelectual reativa ao pensamento liberal. As ideias e transformações ocasionadas pela revolução vão causar forte impacto entre políticos, aristocratas, intelectuais e clérigos que defendiam a manutenção dos privilégios do regime anterior. O movimento contrarrevolucionário ultramontanista foi um exemplo do descontentamento desses setores da sociedade francesa com a Revolução. O Ultramontanismo, do latim *ultramontanus* ("além das montanhas"), propunha um olhar, da perspectiva da França, para além dos Alpes (cadeia de montanhas que separa a Itália do resto da Europa), ou seja, um olhar em direção ao Vaticano, sede da Igreja católica. De maneira geral, os ultramontanistas defendiam a restauração do poder católico. Um dos principais expoentes do Ultramontanismo foi o escritor, filósofo, diplomata e advogado francês Joseph-Marie de Maistre (1753-1821). Ele defendia a restauração do reino da França e o retorno da autoridade do Papa, tanto no universo religioso, quanto no universo político. Para Maistre, apenas os governos baseados nos princípios cristãos poderiam evitar a desordem que o racionalismo, segundo ele, impunha. Defendia de maneira enfática a autoridade hierárquica do líder político. Na esfera governamental, defendia a monarquia absolutista e, na esfera religiosa, defendia os privilégios do papado. É autor da famosa frase *Toute nation a le gouvernement qu'elle mérite* (Toda nação tem o governo que merece).

Outro expoente da filosofia católica contrarrevolucionária foi o filósofo francês Louis-Gabriel-Ambroise, visconde de Bonald. Em seu livro *Théorie du pouvoir politique et religieux* (Teoria do poder político e religioso), publicado em 1796, faz um forte combate ao ideário revolucionário, defendendo o retorno aos valores tradicionais e a fundamental relação entre poder político e religioso.

Tanto Maistre como Bonald, vão ser os principais representantes do pensamento autoritário católico. Até esse momento histórico, podemos observar que o principal "inimigo" do pensamento autoritário, seguia sendo o liberalismo. No entanto, quando o próprio liberalismo será questionado por outras correntes de pensamento, a lista de "inimigos" do pensamento autoritário será atualizada.

O avanço do processo de industrialização na Europa, vai tornando cada vez mais evidente o abismo social existente entre a burguesia e o proletariado. Enquanto os donos dos meios de produção gozavam de luxo e riqueza, a situação de vida da classe trabalhadora era miserável. Os salários eram baixos e as jornadas de trabalho de até 16 horas eram extenuantes, sem descanso ou férias. As condições de trabalho eram precárias e perigosas e os trabalhadores não possuíam qualquer amparo ou seguro social.

Esse contexto social e econômico fará eclodir em várias

partes da Europa, no ano de 1848, uma série de manifestações populares (denominada Primavera dos Povos) que tinha como reivindicações básicas, reformas sociais, como a diminuição da jornada de trabalho e o voto universal (masculino). Esse ambiente de revoltas populares vai estimular muitos pensadores a propor alternativas para o modelo de exploração capitalista. Nesse mesmo ano, os pensadores alemães Karl Marx e Friedrich Engels vão escrever e publicar o *Manifesto Comunista*. Nesse panfleto político, vão esboçar as proposições do socialismo científico, que serão mais bem elaboradas por Marx na obra *O Capital* (1867), em que apresenta conceitos como materialismo histórico, luta de classes, mais-valia e revolução socialista.

Mas ao mesmo tempo em que esse ambiente revolucionário, trazido pela Primavera dos Povos, vai servir de estímulo para o nascimento de propostas progressistas, na contramão disso, também vai estimular uma forte reação dos setores conservadores da sociedade. Imagine-se como não deveria ser perturbador para um indivíduo de pensamento conservador, por exemplo, assistir a mudanças políticas e sociais tão radicais acontecendo diante de seus olhos! Afinal, num curto espaço de tempo histórico, os europeus assistiram a cenas de reis sendo depostos, ao estabelecimento de repúblicas, a multidões operárias tomando as ruas para reivindicar direitos, a colônias declarando independência das metrópoles, ao Papa fugindo de Roma vestido de frade para não ser morto pelo povo, ao nascimento do comunismo.

Diante desse cenário, muitos autores refratários às alterações na estrutura política institucional vão se manifestar. Mesmo aqueles que representavam um autoritarismo moderado, diante de mudanças tão radicais, também se radicalizarão no seu autoritarismo. E é justamente nessa situação que se encontrará nosso próximo pensador autoritário: Juan Donoso Cortés (1809-1853).

Embora espanhol de origem, Juan Donoso, ou marquês de Valdegamas, assistiu da França (epicentro revolucionário onde se encontrava em missão diplomática) a todas essas mudanças acontecer. O impacto sobre ele foi tão intenso, que de liberal doutrinário (espécie de liberal conservador) Juan Donoso se tornou um contrarrevolucionário radical, bem à moda de De Maistre e Bonald. De liberal, tornou-se autoritário convicto e de católico não praticante, tornou-se católico fervoroso. Com a eleição de Luís Bonaparte como presidente da república na França, no final de 1848, Donoso regressa à Espanha, assumindo seu posto como deputado. Em 1849, subiu à tribuna na Câmara dos deputados de Madri e declamou seu famoso *Discurso sobre a Ditadura*, por meio do qual compara as mudanças revolucionárias a doenças, para as quais somente a ditadura (segundo ele, a ditadura de cima para baixo, não de baixo para cima como seria a ditadura do proletariado) seria o remédio; evoca valores católicos e critica duramente o socialismo.

A Primavera dos Povos, que havia começado na França, um mês depois chega à Alemanha. O clima de rebeldia trazido por ela vai estimular a criação da *Nationalversammlung* (assembleia nacional de todos os 39 Estados alemães), para a elaboração de uma Constituição única para toda a Alemanha. Essa ideia de unificação alemã vai ser duramente combatida por alguns pensadores políticos de viés autoritário. Um desses foi Carl Ludwing Haller (1768-1854), que defendia uma teoria contrarrevolucionária voltada para um modelo patrimonial feudal idealizado.

O filósofo e político alemão Friedrich Julius Stahl (1801-1861), por sua vez, vai evocar em sua obra a concepção de direito divino como legitimador de monarquias hereditárias. Em sua principal obra acadêmica *A Filosofia do Direito a partir de uma perspectiva histórica* (1837), vai opor-se de maneira veemente à teoria do direito natural, defendendo um ordenamento jurídico com base numa visão cristã.

Mais adiante, a ideia de pangermanismo, a unificação alemã e outras bandeiras originalmente progressistas vão ser empunhadas por setores autoritários da intelectualidade alemã e serão determinantes para a ascensão do 2º Reich de Otto Von Bismarck. Esses pensadores terão o desafio de fazer com que uma pauta essencialmente autoritária fosse acolhida por uma sociedade ávida por mudanças sociais. Um desses intelectuais foi o historiador e político alemão Heinrich Von Treitschke (1834-1896). Treitschke foi defensor ferrenho do autoritarismo como forma de poder estatal e foi um arauto vociferante da unidade alemã através do poder prussiano. Ele defendia um Estado forte, que estivesse no centro da vida dos cidadãos e que fosse liderado por um governante autoritário, sem a necessidade do aval de um parlamento. Para ele, a Alemanha era a verdadeira herdeira do Sacro Império Romano Germânico, estando, portanto, destinada a ser uma grande potência imperialista. Embora fundamentalmente autoritário, Treitschke defendia medidas liberais com vistas a buscar a cooperação da burguesia.

Já no final do século de XIX, vai surgir na França outro expoente do pensamento autoritário: Charles-Marie Gustave Le Bon (1841-1931). Psicólogo, médico, antropólogo e sociólogo, Le Bon vai assistir de perto à fúria dos levantes populares da Comuna de Paris, o que vai levá-lo a desenvolver uma aversão ao socialismo e à democracia, mas também vai levá-lo a se debruçar sobre o fenômeno psicológico presente nas multidões. Em sua obra *Psicologia das Multidões* (1895) vai identificar a incapacidade de raciocínio, a impulsividade e a falta de senso crítico como características inerentes às multidões. A ideia de massa embrutecida tirava do povo a capacidade de refletir e de se organizar contra os males que o afligia. Para Le Bon, sem um governo forte, uma aristocracia intelectual ou princípios religiosos que as conduzissem, as massas estariam fadadas ao declínio, pois possuíam apenas potência para a destruição.

Em 1898, também na França, vai surgir uma organização de extrema direita chamada *Action Française* (Ação Francesa). Nascida num momento contraditório do ponto de vista político, em que as democracias se espalhavam pela Europa, mas o liberalismo dava sinais de esgotamento, a AF vai ser a representação justamente dessa ambiguidade. Ao mesmo tempo em que é fruto de seu tempo, vai representar uma reação a ele. Criada com o objetivo de efetuar uma reforma intelectual do nacionalismo francês, originalmente era estruturada por uma espécie de nacionalismo republicano. Contudo, sob a influência de Charles Maurras e seu "nacionalismo integral", vai assumir tons autoritários mais intensos, passando a defender uma monarquia tradicional, hereditária, descentralizada e antiparlamentar. Para a AF, todos os males da França tinham uma única origem: a influência estrangeira, sobretudo germânica, representada na figura do maçom, do judeu e do protestante alemão. Essas questões com relação à Alemanha estavam intimamente ligadas à derrota do país na guerra franco-prussiana. Dessa forma, a França deveria fechar suas fronteiras para "as invasões bárbaras", que só teriam trazido caos e desordem. Como reação a esse estado de coisas, defendia um retorno à monarquia e o fortalecimento dos valores católicos.

A produção intelectual do poeta e jornalista francês Charles Maurras (1868-1952), baseada na defesa de princípios profundamente nacionalistas, autoritários, antissemitas e xenofóbicos vai servir de influência para a construção de todos os movimentos fascistas surgidos no mundo, algumas décadas depois. Salazar em Portugal, por exemplo, confessou ter se inspirado em suas ideias, assim como Plínio Salgado no Brasil.

Também sob forte influência das ideias de Maurras, vai surgir em 1914, em Portugal, um grupo político tradicionalista denominado "Integralismo Lusitano". As ideias do grupo eram difundidas através do periódico "Nação Portuguesa", ideias que defendiam o retorno de um sistema político monárquico tradicional e nacionalista; combatiam o parlamentarismo e a república; defendiam uma organização hierárquica forte, concentrando no monarca a figura do governante e do fiscalizador.

No Brasil, o autoritarismo também vai conduzir a um intenso debate intelectual. O jurista, sociólogo e historiador fluminense Francisco José de Oliveira Viana (1883-1951) foi um dos maiores expoentes do pensamento autoritário brasileiro. Em seu livro *Populações meridionais do Brasil* (1918), vai dizer que o liberalismo não tinha condições de existir no Brasil, isso porque, segundo ele, o Brasil é fundado sobre uma estrutura social parental, clânica e autoritária. Ou seja, princípios totalmente opostos aos do liberalismo. Dessa forma, o Brasil necessitaria de um governo autoritário para conduzir seu caminho rumo a um modelo liberal. Para ele, o povo brasileiro não estava pronto para exercer a soberania constitucional. O autor também dá a entender que essa incapacidade política do povo brasileiro estaria na sua composição étnica. Essa abordagem racista sobre questões sociais, inclusive, vai se fazer presente em outros momentos de sua trajetória. Chegou mesmo a sugerir uma metodologia que levasse em consideração critérios como resistência, fecundidade e força de trabalho para o estabelecimento de critérios de imigração.

Nessa mesma linha de pensamento, o escritor, jornalista e tradutor fluminense Antônio José de Azevedo do Amaral (1881-1942), considerava impossível adaptar o liberalismo às características brasileiras. No seu primeiro livro, *Ensaios Brasileiros* (1930), Azevedo Amaral defendia para o Brasil um Estado autoritário, intervencionista e corporativista. Afirmava, contudo, não ser adepto de modelos totalitários como o fascista. Para ele, o modelo ideal estaria no meio termo entre o liberal e o totalitário, ou seja, um modelo autoritário.

Outro expoente do pensamento autoritário brasileiro foi o escritor, jornalista e teólogo paulista Plínio Salgado (1895-1975) que, em uma coletânea de artigos publicados pelo Correio Paulistano em 1927, vai apresentar suas primeiras interpretações políticas da sociedade brasileira. Nela vai denunciar o caráter artificial do regime republicano e o desequilíbrio entre o liberalismo e a realidade brasileira. Inspirado no fascismo italiano, fundou o partido nacionalista católico AIB (Ação Integralista Brasileira), sendo eleito deputado federal pela legenda em 1958 e 1962. Chegou a ser candidato à presidência da República, em 1955.

Oliveira Viana, Azevedo Amaral e Plínio Salgado, assim como muitos pensadores de seu tempo, serão profundamente influenciados por teorias eugenistas criadas no século XIX na Europa. Essas teorias tinham como objetivo evidenciar diferenças entre seres humanos, pautando-se em critérios físicos e influências ambientais. Seguindo essa linha, acreditavam haver uma escala evolutiva entre as raças humanas, estando os brancos no topo dela. Assim sendo, modelos de governo criados para a Europa branca, só poderiam funcionar naquele contexto. O povo brasileiro, composto majoritariamente por mestiços, segundo eles, só seria capaz de promover conflito e confusão. Desse modo, a democracia não seria um modelo adequado ao Brasil, e o autoritarismo seria a única via política possível para o estabelecimento da ordem.

No desenrolar do século XX, sobretudo a partir da década de 30, o pensamento autoritário vai cedendo espaço ao pensamento totalitário, base do fascismo e do nazismo. Com a queda de ambos os regimes e com o processo de democratização que se segue, poucos pensadores autoritários se destacam no cenário acadêmico mundial.

Do pensamento autoritário às práticas autoritárias

O pensamento autoritário funciona como suporte ideológico de estruturas oficiais de poder (governos), partidos políticos, instituições, grupos e até mesmo na esfera privada, individualmente. É com base em pensamentos ou em ideologias autoritárias que governos, instituições e pessoas justificam, legitimam e orientam suas visões de mundo e suas ações.

As manifestações do pensamento autoritário não estão restritas a regimes autoritários. É evidente que, em regimes autoritários, pensamentos dessa natureza encontram terreno fértil e tendem a se fortalecer. Contudo, as ideias autoritárias não respeitam fronteiras e conseguem se ramificar em todo tipo de sociedade, inclusive, nas democráticas. Aliás, sobre as manifestações de pensamentos autoritários dentro de uma sociedade democrática, há um profundo debate filosófico-jurídico, sobretudo no que se refere à questão dos limites. Afinal, o Estado democrático deve reprimir expressões de ideias autoritárias? Se as reprimisse, estaria traindo um principio fundamental da democracia, que é o direito à liberdade de expressão?

Sobre esse debate, o filósofo da ciência austro-britânico Karl Popper, em seu livro *A sociedade aberta e seus inimigos* (1945), vai desenvolver o famoso conceito do *Paradoxo da Tolerância*, segundo o qual, a defesa da tolerância sem limites ameaçaria a existência da própria tolerância. Ou seja, se permitirmos que intolerantes se manifestem livremente, seus ataques poderiam destruir os próprios tolerantes que os defenderam. Se, por exemplo, o indivíduo X (pessoa de pele preta), defende que o indivíduo Y (pessoa de pele branca), defenda livremente o conceito de supremacia branca, o ataque de Y recairia justamente sobre X. X seria então perseguido, diminuído, socialmente apagado e, em casos extremos, destruído. Os tolerantes raciais, pouco a pouco, seriam dizimados, enquanto os intolerantes raciais se tornariam preponderantes. Este exemplo se aplicaria a qualquer tipo de manifestação autoritária de intolerância, seja ela racial, religiosa, de gênero, social, política, etc.

Nas palavras de Popper, *se não estamos preparados para defender uma sociedade tolerante contra o ataque dos intolerantes, então os tolerantes serão destruídos e a tolerância com eles*[5]. Para resolver esse paradoxo, Popper defende que, para o bem da tolerância, os intolerantes não sejam tolerados, devendo, portanto, ser combatidos. *Devemos enfatizar que qualquer movimento que pregue a intolerância deva ser colocado fora da lei, e devemos considerar a incitação à intolerância e perseguição devido a ela, como criminal*[6]. Esse combate, de acordo com Popper, deve se dar, sempre que possível, no campo das ideias. Não obstante, como as manifestações de intolerância geralmente estão longe de obedecer a uma lógica racional, se o diálogo não for possível, deve ser substituído pela força.

Karl Popper construiu sua teoria em um contexto de guerra (1945), em um mundo recentemente ameaçado pelo nazismo e pelo fascismo. Contudo, com a onda autoritária que tem crescido assustadoramente em diversos

---

5 POPPER, Karl, *The Open Society and its Enemies, volume 1.* Routledge: Editora Princeton. 1945. 84. (tradução do autor).
6 IDEM: 102. (tradução do autor).

países nos últimos anos, esse debate tem ressurgido de forma bastante atual, sobretudo porque os mecanismos utilizados pelos autoritários são os mesmos. É justamente evocando valores democráticos, como a liberdade de expressão, por exemplo, que as ideias autoritárias vão sendo difundidas e tomando proporções tão perigosas, que a própria existência da democracia vai sendo comprometida.

À luz desse debate analisaremos três eventos, de forte impacto midiático, acontecidos na contemporaneidade: o "Massacre da Noruega"; "Manifestação *Unite the Right*", nos EUA; e a marcha "300 do Brasil".

Massacre da Noruega

No dia 22 de julho de 2001, em Oslo, capital da Noruega, um veículo carregado de explosivos provoca uma grande explosão em uma área destinada a prédios governamentais, incluindo o gabinete do primeiro ministro do país. Como resultado desse ataque, 8 pessoas foram mortas e diversas ficaram feridas.

Poucas horas depois desse atentado, na ilha de Utoya, distante 38 km de Oslo, um homem fortemente armado abriu fogo contra os participantes de um acampamento de jovens ligados ao *Arbeiderpartiet*, Partido Trabalhista Norueguês, mesmo partido do governo. O massacre durou mais de uma hora e deixou 69 pessoas mortas e 97 feridas.

O saldo dos dois ataques foi de 77 mortos.

Assim que a polícia chegou à ilha de Utoya, o assassino foi preso sem apresentar qualquer resistência. O cidadão norueguês chamado Anders Behring Breivik, empresário do ramo agrícola, assumiu a total responsabilidade por ambos os atentados. Ele afirmava que o ataque fazia parte de uma guerra ideológica, na qual Breivik lutava contra a dissolução de valores tradicionais e o multiculturalismo. Ele afirmava querer "salvar" a Noruega.

Em 2012 Breivik foi julgado e condenado a 21 anos de prisão, prolongáveis se, ao final da pena, a justiça determinar que ele continua inapto a viver em sociedade.

Manifestação *Unite the Right*

Em 12 de agosto de 2017, na cidade de Charlottesville, no estado da Virgínia, Estados Unidos, supremacistas brancos e grupos antirracismo entram em violento confronto no dia da realização de uma marcha convocada pela extrema-direita estadunidense. A marcha, chamada de *Unite the Right* (Unir a Direita), havia sido convocada para defender a permanência da estátua do general escravagista Robert E. Lee (que lutou na Guerra de Secessão americana) e estava sendo ameaçada de ser derrubada por grupos antirracistas, que questionavam a permanência de símbolos racistas no país. Segundo o jornal, os radicais racistas, aos quais se juntaram elementos do antigo grupo de extrema direita Ku Klux Klan (organização terrorista, formada por supremacistas brancos, criada depois da Guerra Civil americana), portavam bandeiras dos Estados Confederados (pelo peso histórico que carrega, a bandeira confederada é vista como um legado de ódio contra o povo negro, comparada à suástica para os judeus), entoavam cânticos como *Vocês não vão tomar o nosso lugar* e *Judeus não vão tomar o nosso lugar* e portavam capacetes, escudos e cassetetes.

Várias pessoas ficaram feridas e uma morreu depois que um carro supremacista atropelou um grupo antirracista.

300 do Brasil

Em 30 de maio de 2020, na cidade de Brasília, capital do Brasil, um grupo autodenominado "300 do Brasil", fez um protesto à noite, em frente ao STF (Supremo Tribunal Federal). Portando uma faixa, na qual se lia 300, o grupo marchava carregando tochas, máscaras e entoavam palavras de ordem contra o STF. O protesto foi organizado depois que sua principal líder, a ativista radical de extrema-direita Sara Winter foi alvo de um mandado de busca e apreensão relacionado ao inquérito das *fake news*, conduzido pelo ministro do STF Alexandre de Moraes.

Muitos analistas políticos, sociólogos e historiadores, viram no protesto, claras referências a manifestações de supremacistas brancos norte-americanos. Muitos viram semelhanças simbólicas com as marchas realizadas pelo grupo racista Ku Klux Klan (KKK), nas quais se usavam túnicas, máscaras e tochas.

Uma análise dos três eventos

Os eventos da Noruega, EUA e Brasil, acima relatados, chocaram o mundo pela natureza violenta de suas ações e pelas bandeiras controversas que levantavam, tais como: discriminação racial, xenofobia, etnocentrismo, homofobia, extremismo político, entre outras. Todos valores intrinsecamente ligados aos fundamentos do autoritarismo. Todos valores incompatíveis com a manutenção do Estado democrático de Direito.

As ideologias autoritárias foram o combustível propulsor e o elemento legitimador de todas as situações apresentadas. Foi com base nelas que o assassino da Noruega justificou seus crimes, que os supremacistas brancos se sentiram respaldados a sair às ruas para propagar discursos de ódio e que os extremistas brasileiros se sentiram legitimados a defender publicamente o fim de uma instituição fundamental para o equilíbrio democrático.

Também em comum há o fato dos três eventos terem usado a internet como plataforma de divulgação de seus pensamentos e atos. Ou seja, não eram secretos. Os casos, brasileiro e estadunidense, por exemplo, foram amplamente divulgados e organizados através das redes sociais. Durante o período de mobilização, os participantes trocavam informações das mais variadas, alguns chegando até mesmo a combinar o uso de armas de fogo durante os protestos. Sobre o caso norueguês, é evidente que o assassino fundamentalista não avisou pela internet sobre a atrocidade que cometeria, contudo costumava usar a internet com frequência para divulgar seu pensamento odioso. Poucas horas antes do atentado, inclusive, Breivik publicou na internet um manifesto com mais de 1.500 páginas, intitulado *2083 – Uma declaração europeia de independência*, no qual explicava detalhadamente sua visão de mundo que incluía, entre outras coisas: um profundo conservadorismo cultural radical, um ultranacionalismo exacerbado, a defesa da islamofobia, do racismo, do etnocentrismo, da homofobia e do antifeminismo. Defendia também que o marxismo e o islã são as duas maiores ameaças à cristandade moderna.

É certo que nem toda a publicização de pensamentos autoritários culminará em um massacre, como o acontecido na Noruega. Este é um exemplo extremo de até onde o autoritarismo pode chegar. A questão que se levanta, no entanto, é: até que ponto a liberdade para a defesa pública de princípios moralmente indefensáveis, como os defendidos por Breivik, por exemplo, pôde colaborar com tal desfecho? Ou mesmo que não tivesse culminado em um atropelamento e morte, o próprio ataque contra minorias realizado de maneira sistemática pelos supremacistas estadunidenses pela internet, já não seria por si só um crime passível de punição? Se não tivesse espaço de publicidade, será que os "300 do Brasil" teriam levado a cabo o ataque contra o STF? Enfim, são muitas as questões para as quais a sociedade ainda busca respostas.

Sobre o caso norueguês, é importante que se diga que, embora estejamos dando enfoque às consequências extremas da influência do pensamento autoritário na vida das pessoas, não pretendemos aqui afirmar que a ação de Breivik tenha sido estritamente influenciada por fatores ideológicos. É evidente que o caso é extremamente complexo e exigiria uma análise minuciosa do assassino sob diversas perspectivas, como: propensões genéticas, antecedentes familiares, influências sociais e políticas, entre outras. Como a maior parte dessas perspectivas foge do nosso tema principal, que é o autoritarismo, é importante dizer que nossa abordagem se limitará ao campo ideológico.

Algo importante a se apontar sobre o massacre de Oslo/Utoya é o fato desse terrível crime de viés autoritário ter sido cometido justamente em um país cujos valores democráticos sejam tão consolidados. A revista *The Economist* lançou em 2020 o relatório *Democracy Index 2019* (Índice da democracia), que é resultado de um estudo comparativo sobre a situação da democracia em 167 países no mundo. A revista analisa esses países a partir de cinco categorias gerais: 1- processo eleitoral e pluralismo, 2- liberdades civis, 3- funcionamento do governo, 4- participação política e 5- cultura política. Para cada uma das categorias são atribuídas notas de 0 a 10, cuja somatória geral gera uma classificação de países, dos mais democráticos (democracias plenas) para os menos democráticos (autoritários). O país que alcançou a maior pontuação, de

9.87, foi a justamente a Noruega. Em segundo lugar, ficou a Islândia, com 9.58 e, em terceiro, ficou a Suécia, com 9.39. A mesma pesquisa havia sido realizada em 2011 e a Noruega já ocupava o primeiro lugar, com uma pontuação de 9.80. Ou seja, não é exagerado dizer que a Noruega é, há muito anos, o país mais democrático do mundo.

Essa condição do país, por consequência, reforça ainda mais o debate em torno do avanço do autoritarismo no mundo e sobre como as democracias devem (ou não) reagir a esse fenômeno. Diante do massacre, muitos noruegueses se questionaram sobre os riscos que a liberdade de expressão poderia trazer para a própria democracia. Alguns chegaram a defender um endurecimento do Estado diante de manifestações autoritárias, contudo, o governo da época (o centro-esquerdista Partido Trabalhista) evitou de todas as formas estimular qualquer espécie de revanchismo e populismo, sobretudo porque meses após o ataque o país passaria por eleições. Para o governo Trabalhista, o ataque praticado por Breivik era um ataque à própria democracia, portanto, as eleições (o maior símbolo da saúde de um Estado democrático de Direito) deveriam, mais do que nunca, ser protegidas.

O sistema político da Noruega é uma monarquia constitucional, na qual o rei ocupa uma posição de símbolo da unidade nacional. O chefe de Estado, de fato, é o primeiro-ministro, que tem seu poder submetido ao Parlamento, composto por lideranças políticas eleitas por um sistema de representação proporcional.

Curiosamente, desde o massacre praticado por um fundamentalista de extrema direita em 2011 até os dias atuais, os noruegueses assistiram a seu país dar uma expressiva guinada política justamente à direita. Embora o Partido Trabalhista continue a ter maioria no Parlamento, desde 2013 (com reeleição em 2017), o posto de primeiro-ministro é ocupado por Erna Solberg, do "Partido Conservador". Já o partido de extrema direita "Partido do Progresso" (no qual Breivik militou por um tempo), embora tenha perdido eleitores depois dos atentados, continua tendo uma significativa representação no Parlamento norueguês (3° lugar). Essa mudança de orientação política na liderança do país, no entanto, não parece significar que a democracia norueguesa tenha perdido espaço para o autoritarismo, visto que, conforme aponta a pesquisa acima citada, o país continua em primeiro lugar no índice de democracias e sua pontuação até subiu de 2011 para 2019.

Ao contrário da Noruega, o caso de Charlottesville está longe de ser um fato isolado na história dos Estados Unidos. Manifestações de cunho autoritário, sobretudo de conteúdo racista, são muito comuns em solo estadunidense.

Assim como no Brasil, o autoritarismo nos EUA está intimamente ligado ao seu passado colonial e escravocrata. Talvez uma das manifestações mais contundentes do autoritarismo estadunidense esteja na expressão do racismo praticado pela maioria branca com relação às outras minorias étnicas. A sociedade terrorista Ku-Klux-Klan é um exemplo histórico de como manifestações autoritárias nos EUA são tão arraigadas nas estruturas sociais que chegaram a se tornar grupos organizados. Nascida em 1865, logo após a Guerra de Secessão (entre o Sul escravagista e o Norte abolicionista), a KKK foi criada por veteranos confederados (ou seja, pelo lado derrotado da guerra). Respondiam a uma organização fortemente hierarquizada e pregavam a supremacia branca. Realizavam desfiles ritualísticos, geralmente à noite, com seus membros portando longos mantos brancos, capuzes e empunhando tochas. Esse procedimento, cercado de mistério, tinha a dupla finalidade de incutir medo na população negra e impedir que os membros da KKK fossem identificados. Embora tenha passado por diversos momentos em sua história (tendo sido colocada, inclusive na ilegalidade), a Ku-Klux-Klan existe até os dias de hoje e continua se manifestando livremente.

No protesto de Charlottesville, por exemplo, a Ku-Klux-Klan estava presente. Como nos tempos de sua criação, alguns de seus membros empunhavam tochas, usavam capuzes e gritavam palavras de ordem. David Luke, ex-líder de uma das filiais da KKK espalhadas pelos EUA, foi recebido no protesto como herói. Neonazista declarado, é uma das maiores lideranças da direita radical estadunidense. Em discurso, afirmou, entre outras coisas, que a eleição do presidente Donald Trump teria *empoderado* vozes como as deles e que *recuperariam de volta* os EUA. Com um discurso típico de outros supremacistas, Luke se amparou na Primeira Emenda da Constituição dos EUA, que versa, entre outras coisas, sobre a liberdade de expressão. Justificou que os brancos tinham *direito* a *ter orgulho de seu legado*.

Não obstante a permanência dos efeitos nocivos do passado escravocrata, presente até os dias atuais (que se opõe totalmente aos valores democráticos), é preciso que se diga que a história da democracia em solo estadunidense é muito forte. Enquanto muitos países ainda andavam às voltas com o absolutismo, em 1776 os EUA estavam declarando sua independência da Inglaterra e estabelecendo um sistema democrático baseado nos princípios da liberdade e igualdade entre seus cidadãos. Ao longo dos anos, mesmo passando por momentos históricos bastante complicados, como pela Guerra Civil (1861-1865), pela Grande Depressão (1929), pelo Watergate (1974), pela Guerra Fria (1947-1991), entre outros, é notável que a democracia dos EUA tenha permanecido incólume, sem qualquer ruptura institucional.

Em 2016, no entanto, com a eleição de Donald Trump, muitos estudiosos passaram a duvidar se a democracia estadunidense seguiria tão resistente assim.

Eleito pelo Partido Republicano (direita conservadora), o magnata do ramo de imóveis já era uma figura bastante conhecida na televisão dos EUA, chegando até mesmo a ganhar uma estrela na calçada da fama de Hollywood. Com um discurso altamente populista, nacionalista, anti-imigração, pró-armas e agressivo, conseguiu ativar o autoritarismo adormecido do povo estadunidense com uma tática bastante potente: o medo. O medo de que o imigrante roube o lugar do cidadão americano no mercado de trabalho. O medo de que potências estrangeiras derrubem a economia do país. O medo de que os negros se revoltem contra os anos de escravidão e devolvam aos brancos toda a violência que sofreram. O medo de que os valores cristãos sejam destruídos pelo racionalismo. O medo de que a emancipação das mulheres destrua o modelo tradicional de família. Enfim, o medo que habita as estruturas da formação da nação estadunidense desde seu passado colonial.

Foi com base nesses discursos de medo que protestos como o de Charlottesville puderam acontecer. Foi legitimado pelo discurso autoritário presidencial, que bandeiras até então absurdas de serem defendidas (racismo, sexismo, homofobia, etc), puderam ser levantadas. As personalidades autoritárias que estavam controladas por instituições democráticas, diante do apoio do líder máximo do país, se sentiram livres para manifestar suas posições.

Essa elevação de valores autoritários tem acendido um alerta vermelho nas sociedades democráticas.

O cientista político americano (especialista em autoritarismo) Matthew MacWilliams, em seu livro *The rise of Trump: America's authoritarian Spring* (A ascensão de Trump: a primavera autoritária americana), publicado em 2016, argumenta que a rápida ascensão política de Trump não seria resultado de uma anomalia, mas uma tendência americana a atribuir ao "outro" um conjunto de qualidades que justifiquem o tratamento discriminatório que recebem. Essa tendência teria encontrado em Trump uma voz potente.

O autor afirma também que há um contexto apropriado para a manifestação do autoritarismo no seio de uma sociedade. Esse contexto é, geralmente, baseado em três fatores: 1- crises econômicas, 2- grandes mudanças populacionais e 3- medo da globalização. São fatores que costumam disparar gatilhos de preocupação nas pessoas. Isso pode acontecer em qualquer parte do mundo e, ao final de tais crises, não provocar nenhum impacto maior no campo das ideias ou nos direcionamentos políticos de um país. Contudo, nas mãos de um político oportunista, um contexto de crise como esse pode representar uma grande oportunidade. Há líderes políticos que se aproveitam de tais momentos para usá-los em sua vantagem. Constroem uma narrativa na base do medo e do ódio, que ativa o autoritarismo adormecido nas estruturas das sociedades, inflama opiniões, cria polarizações e conduz todo o jogo político conforme seus interesses. Para MacWilliams, a vitória de Trump pode apontar para o surgimento de sérios problemas quanto ao futuro de um governo democrático que estivesse comprometido com valores como a igualdade e a liberdade.

Uma questão relevante a se apontar é que se tomarmos o mesmo índice das democracias da revista *The Economist* (que usamos anteriormente no caso norueguês), para analisar os EUA, teremos resultados bastante sintomáticos sobre a situação da democracia nesse país. Se compararmos os resultados dos índices publicados em 2011 e 2019, percebemos que os EUA caíram da 19ª posição (2011) para a 25ª posição (2019). Com pontuação final de 8.11 em 2011, caiu para 7.96 em 2019, o que fez, inclusive, com que o país deixasse de figurar entre as nações categorizadas como "Democracias plenas" em 2011 para figurar entre as "Democracias imperfeitas" em 2019.

O resultado dessa pesquisa evidencia que o recuo democrático nos EUA não é apenas uma projeção feita por pensadores, mas uma realidade.

Como os EUA nos últimos anos, o Brasil vem passando por um processo de recrudescimento do autoritarismo, que tem reconduzido os rumos políticos do país e ameaçado as conquistas democráticas construídas até então.

Também de forma semelhante aos EUA, a posição ocupada pelo Brasil no *Democracy Index* caiu significativamente de 2011 para 2019. Embora a categoria do Brasil como "Democracia imperfeita" não tenha mudado de um resultado para outro, sua pontuação recuou de 7.12 em 2011 para 6.86 em 2019 e sua posição no ranking caiu de 45ª em 2011 para 52ª em 2019, ficando atrás de países como Índia (51ª), Jamaica (50ª) e Suriname (49ª).

De acordo com alguns pensadores políticos atuais, os fatos que justificam esse recuo democrático remontariam a alguns momentos da história recente brasileira, principalmente com os protestos de junho de 2013. Inicialmente motivados pelo aumento do valor da passagem de ônibus em diversas cidades brasileiras, o movimento foi crescendo e abarcando outras bandeiras, como anticorrupção e antipartidarismo. Essa postura antipartidária, inclusive, acabou afastando os grupos de esquerda do movimento e aglutinando cada vez mais forças de direita. Em 2014, os protestos continuaram e receberam a liderança de grupos organizados de direita como o *Movimento Brasil Livre* (MBL) e *Movimento Vem Pra Rua*. A partir de então, os protestos passaram a direcionar seu ataque ao governo, pedindo o afastamento da presidenta Dilma Rousseff e de seu partido PT (Partido dos Trabalhadores). Alguns anos depois, descobriu-se que o MBL, embora inicialmente autointitulado apartidário, havia recebido patrocínio de partidos opositores ao governo como DEM, PSDB, SD e PMDB e da organização estadunidense *Students for Liberty* (SFL), ONG ligada aos bilionários estadunidenses do ramo petrolífero Charles e David Koch (que ocupam respectivamente o 6º e 7º lugares na lista dos mais ricos do mundo). São historicamente apoiadores de políticos conservadores e tem se tornado cada vez mais notório o apoio dos irmãos Koch a campanhas e organismos conservadores pelo mundo. Sobretudo àqueles países em que a exploração de petróleo seja estatizada, como Venezuela e Brasil.

Mesmo em um ambiente de instabilidade econômica e política, Dilma Rousseff foi reeleita e as manifestações opositoras só se intensificaram. Além das ruas, os grupos conservadores se apropriaram do universo virtual e a crise foi se agudizando. Até que em 2016, em um controverso processo de impeachment, Dilma Rousseff foi destituída do cargo de presidenta do Brasil, tendo sido substituída até o fim do mandato por seu vice, Michel Temer.

Nesses dois anos que se seguiram, entre o impeachment e as eleições de 2018, a polarização política no Brasil tomou proporções gigantescas. Fazendo uso sistemático de recursos como disparos automáticos de *fake news* via redes sociais, os grupos políticos autoritários foram se fortalecendo. Apoiado por importantes grupos conservadores, como grandes proprietários de terra, empresários, evangélicos e grupos defensores de porte de armas, o militar da reserva Jair Bolsonaro despontou como o nome perfeito para assumir a cadeira de presidente. Mesclando a defesa de valores liberais na economia, conservadores nos costumes, punitivistas no âmbito da segurança e intolerantes no plano social, Bolsonaro aglutinava em si, todas as características buscadas em um líder por essa nova onda autoritária.

Dessa forma, em 2018, Bolsonaro foi eleito presidente do Brasil. Sua força política nesse momento era tão grande e o país havia mergulhado tão profundamente em suas raízes autoritárias, que junto consigo, Bolsonaro conseguiu eleger uma histórica bancada de extrema direita, composta fundamentalmente por ruralistas, religiosos, militares e policiais, cercando-se de um grupo de sustentação do governo que, nos bastidores da política, foi denominada como bancada da bala, do boi e da bíblia.

Depois de eleito, Bolsonaro manteve a prática de atacar valores democráticos, seja através de declarações polêmicas, seja insuflando grupos de apoiadores a saírem às ruas protestar contra a democracia. Todas as manifestações de apoio ao presidente carregavam também bandeiras de apoio ao golpe de 1964, ao AI-5, à defesa do fechamento do Congresso e do Superior Tribunal Federal (STF), à defesa da tortura como instrumento de Estado, entre outras coisas.

E é justamente nesse contexto que se situa o nascimento do grupo radical de extrema direita "300 do Brasil". Criado em 2020 por um grupo de homens e mulheres de idades variadas, é liderado pela ativista radical Sara Fernanda Giromimi, que utiliza o pseudônimo Sara Winter (em referência à espiã nazista inglesa Sarah Winter). O grupo ganhou notoriedade quando instalou um acampamento no eixo monumental da Explanada dos Ministérios em Brasília, no dia 1º. de maio de 2020. Autointitulado como a "primeira militância organizada de direita do Brasil", o grupo defendia pautas antidemocráticas não muito diferentes das outras manifestações pró-governo:

apoio ao presidente Jair Bolsonaro, pedido de saída dos presidentes da Câmara, do Senado e dos ministros do STF, e intervenção militar.

Depois que Sara foi alvo de um mandado de busca e apreensão referente ao inquérito das *Fake News* conduzido pelo Ministro do STF, Alexandre de Moraes, o grupo realizou a marcha com tochas e máscaras a que nos referimos no texto acima.

O nome do grupo "300 do Brasil" faz referência ao filme 300, do diretor Zack Synder, de 2006. O filme, por sua vez, é inspirado na Batalha de Termópilas, na qual, segundo a mitologia, um exército composto por apenas 300 soldados espartanos, liderados pelo rei Leônidas, derrota heroicamente o exército composto por 30 mil soldados persas, liderados por Xerxes I, que tentava invadir Esparta. O grupo brasileiro argumenta que a associação ao episódio mitológico tem a ver com o fato de ele representar a vitória de poucos sobre muitos e que isso os estimularia a não esmorecer, mesmo tendo o grupo começado com apenas 10 pessoas. De fato, o grupo nunca teve grande representatividade numérica. Sua estratégia sempre gira em torno da promoção de eventos polêmicos e de grande apelo midiático. A própria marcha diante do Congresso, sobre a qual estamos comentando, não conseguiu mobilizar nem 40 pessoas ao todo, mas foi produzida com tamanha carga dramática que conseguiu o impacto esperado.

O uso do filme apenas como exemplo de luta (conforme defende o grupo brasileiro), no entanto, não parece ter sido a única motivação da escolha do nome. O filme, bem como o mito histórico, é largamente usado como referência por grupos de extrema direita na Europa. Um dos casos mais famosos é o grupo francês GI – *Génération Identitaire* (Geração identitária), grupo majoritariamente jovem e que se reúne em torno de bandeiras nacionalistas, criticam o que eles chamam de "islamização da Europa" e, por meio de um uso massivo de truques publicitários postados em redes sociais, defendem a luta pela "reconquista" do território francês, que o movimento afirma ter sido perdido para os imigrantes. A associação com o evento grego, portanto, teria a ver com a prodigiosa vitória do Ocidente (espartanos) sobre o Oriente Médio (persas).

A história de amor entre as ideologias de extrema direita com a Grécia Antiga, no entanto, não é recente. Os nazistas, por exemplo, nutriam forte admiração pelo passado da cidade grega de Esparta, sobretudo no que se refere ao seu forte militarismo e pureza racial. O próprio Hitler, em seu livro *Mein Kampf* (1925), evocava os valores da cultura helenística. Também se buscou referências na filosofia grega para a construção da ideologia nazista. As ideias do filósofo grego Platão, por exemplo, foram interpretadas de maneira particular pelos nazistas e usadas como um modelo a ser seguido. Em sua obra *República* (376 a. C.), o pensador fazia críticas à democracia e defendia que o Estado ideal deveria ser governado por uma elite, rechaçando completamente a ideia de igualdade social.

Além das claras referências a grupos neonazistas europeus, o que também preocupa muitos analistas políticos e especialistas em autoritarismo é o fato do grupo "300 do Brasil" possuir um claro caráter paramilitar. Embora suas lideranças insistam em dizer que se trata de um grupo não violento e democrático, é público e notório o flerte de seus membros com o universo militar e o autoritarismo. Durante o acampamento, o próprio grupo publicava vídeos em que os participantes eram chamados de soldados e realizavam simulações de treinamento militar. A própria Sara Winter afirmou que alguns membros do acampamento portavam armas de fogo.

O medo é que essa característica belicosa do grupo associada a um governo altamente militarizado (hoje o governo conta com 10 ministros e mais de 2,8 mil integrantes das Forças Armadas ocupando cargos administrativos, ou seja, a maior presença de militares em postos governamentais desde a Ditadura Militar), poderia inflamar ainda mais as bases governistas (compostas por milicianos, policiais, militares, grupos pró-armas, etc) e conduzir a uma ruptura violenta de estruturas democráticas, levando para o campo do real, o autoritarismo que hoje se expressa no campo das ideias.

Finalizando nossa análise, os casos norueguês, estadunidense e brasileiro são exemplos diferentes de como o pensamento autoritário pode servir de base de sustentação ideológica para ataques conduzidos por indivíduos ou grupos extremistas de extrema-direita e de como, em determinadas situações, os ataques podem ameaçar a integridade física de pessoas ou instituições democráticas. Esse perigo, inclusive, se acentua em se tratando de governos favoráveis às mesmas bandeiras autoritárias. Diante de tal perigo, o desafio que se coloca para a contemporaneidade é saber como frear essas incursões autoritárias, como controlar ataques de ódio, como reagir à escalada do autoritarismo sem ferir os princípios da própria democracia.

3 O ESTADO AUTORITÁRIO

Este capítulo tem por objetivo analisar como se manifesta o autoritarismo nas estruturas do poder político. Em outras palavras, entender como se caracterizam e funcionam os "Estados autoritários" ou, conforme terminologia muito utilizada, os "Regimes autoritários".

Sobre a referida terminologia, o pensador que primeiro usou a expressão "Regime Autoritário", na década de 1960, foi o já mencionado sociólogo Juán Linz. Entendendo como verdadeiras dicotomias governos totalitários de um lado e democráticos de outro e não conseguindo encaixar modelos políticos como os da Espanha franquista, Japão antes de 1945 e Brasil varguista em nenhum dos dois polos, Linz propôs o conceito de "regimes autoritários". Para o pensador, esses países apresentavam um tipo novo de regime, com características híbridas, que mesclavam aspectos totalitários com democráticos. Assim, a ideia de "regime autoritário" abarcaria todos aqueles países cujos regimes não poderiam ser caracterizados nem como estados totalitários, nem como estados democráticos. O autoritarismo apareceria então, como uma terceira dimensão entre o totalitarismo e a democracia. Linz se fixou em alguns aspectos dos governos citados para substanciar sua análise e propor essa "terceira dimensão". Se o totalitarismo, de um lado, é marcado pela ausência de pluralismo político, com forte controle social e poder centralizado em uma única figura (líder) ou pequeno grupo altamente hierarquizado e a democracia, por outro lado, é marcada por um pluralismo alargado, com um sistema eleitoral desenvolvido e acesso amplo à informação, o autoritarismo se apresentaria como regime com pluralismo político limitado e completamente institucionalizado, que reduz o controle social e dando um alto grau de previsibilidade à ação do poder.

Essa sua classificação tripla dos regimes – democráticos, autoritários e totalitários –, embora não seja consenso no universo sociológico, já possui uma base bastante sólida no universo acadêmico, porque facilitou muito o estudo e a organização de teorias tão complexas.

O sociólogo Juán Linz é, inclusive, reconhecido no meio acadêmico por ser um dos intelectuais que mais se dedicaram a entender o fenômeno do autoritarismo nos governos. É dele uma das definições mais aceitas sobre os regimes autoritários, segundo a qual podemos designar regimes autoritários (de maneira muito geral) como sistemas que contam com um limitado pluralismo político, não possuem uma ideologia claramente formulada e não possuem grande capacidade de mobilização.

Os tipos de Estados Autoritários

Para uma análise mais precisa sobre como o autoritarismo se manifesta nas estruturas dos poderes governamentais é necessário, evidentemente, que se leve em consideração as especificidades históricas, econômicas, culturais e sociais de cada país. Para cada realidade, um tipo diferente de autoritarismo. Por esse motivo, muitos pensadores vão tentar classificar os tipos básicos de regimes autoritários que já existiram ou que ainda existem no mundo. Essa tentativa de caracterização dos tipos de regimes é muito diversa e está longe de se chegar a um padrão de consenso.

Juán Linz foi um dos pensadores que mais se dedicaram a entender o autoritarismo nas estruturas de governo. Seus estudos talvez sejam os mais completos no que se refere ao tema e seguem sendo referência para muitos pensadores posteriores. É dele uma das propostas mais meticulosas e bem elaboradas de tipologia de regimes autoritários (do livro *Regimes Totalitários e Autoritários*, 1975). Ele os organiza em 7 tipos básicos. Abaixo, citaremos as tipologias de regimes autoritários conforme concebeu Linz, faremos uma breve explicação das definições e citaremos exemplos no mundo que mais se encaixam em cada tipo.

BUROCRÁTICO-MILITAR
Definição: É um tipo de regime autoritário que não dispõe de instituições complexas, nem de partido político capaz de mobilizar o apoio de uma elite que lhe dê

suporte. É dirigido quase sempre por líderes militares não carismáticos e é orientado dentro dos limites de uma mentalidade burocrático-militar. É comum que surjam como continuação de sistemas liberal-democráticos não consolidados, nos quais os sistemas de partidos não foram capazes de produzir estabilidade.

Exemplo: Estado Novo e Ditadura militar no Brasil; alguns períodos da História Argentina; governo de Primo de Rivera na Espanha; primeiros anos do governo de Salazar em Portugal.

CORPORATIVISMO AUTORITÁRIO

Definição: É caracterizado por um Estado enquanto mediador de interesses. Esse tipo de esquema permite que o regime represente interesses sociais ao mesmo tempo em que exerce controle de conflitos. O corporativismo autoritário serviu como uma alternativa ideológica para as sociedades que, devido a sua complexidade, não podiam ser governadas somente como meios tecnocrático-autoritários.

Exemplo: Estado Novo de Salazar, em Portugal; Engelbert Dollfuss, na Áustria; Espanha de Francisco Franco depois do período fascista pré-totalitário; alguns países da América Latina.

REGIME AUTORITÁRIO DE MOBILIZAÇÃO EM SOCIEDADES PÓS-DEMOCRÁTICAS

Definição: Ao contrário dos outros modelos, esse

regime pretende estabelecer um vínculo afetivo entre os governantes e os governados, valendo-se de formas emocionais de legitimação. O uso, por exemplo, de plebiscitos tem como intento adicional buscar o apoio das massas. São menos pluralistas, mas em contrapartida, mais ideológicos e abertos à participação que outros regimes. Buscam compensar a liberdade perdida com a disponibilização de oportunidades controladas de participação.

Exemplo: Venezuela de Hugo Chávez.

REGIME DE MOBILIZAÇÃO PÓS-COLONIAL

Definição: Esse tipo de regime é caracterizado pela debilidade simultânea da autoridade tradicional e a falta de compreensão dos complexos mecanismos de uma autoridade racional. As especificidades dos problemas impostos por seus períodos coloniais (a artificialidade de suas fronteiras estatais pós-coloniais, as divisões étnicas, linguísticas e religiosas a que as populações foram sujeitadas, a disparidade econômica entre o centro urbano e as periferias rurais e as debilidades das estruturas administrativas) fizeram crer que apenas um governo autoritário fosse capaz de assegurar o processo de formação das nações. Esses tipos de regimes autoritários são quase sempre suscetíveis a golpes militares e têm sido transformados em dominações personalistas.

Exemplo: Quase todos os países africanos pós-coloniais.

"DEMOCRACIAS" RACIAIS E ÉTNICAS

Definição: Esse tipo se refere a modelos de regime em que se garante a uma minoria étnica acesso total ao processo democrático enquanto a maioria segue sendo totalmente alijada de direitos. Por isso o uso da palavra "democracia" entre aspas, porque é uma democracia definida segundo critérios raciais. Nelas, o autoritarismo é exercido tanto sobre a etnia dominada como sobre os dissidentes da etnia dominante, que combatem a política racista e a questionam.

Exemplo: África do Sul.

REGIMES IMPERFEITAMENTE TOTALITÁRIOS E REGIMES PRÉ-TOTALITÁRIOS

Definição: Os regimes imperfeitamente totalitários são aqueles nos quais as tendências de desenvolvimento até o totalitarismo foram interrompidas, porém seus representantes mantêm um significativo poder dentro do sistema. Já os regimes pré-autoritários seriam aqueles que se encontram numa fase transitória até o estabelecimento pleno de um regime totalitário.

Exemplo: Espanha no período imediatamente posterior à guerra civil como exemplo de regime imperfeitamente totalitário e Alemanha no período da tomada do poder do terceiro Reich como exemplo de regime pré-totalitário.

REGIMES AUTORITÁRIOS PÓS-TOTALITÁRIOS

Definição: Essa tipologia se refere a regimes autoritários que tiveram algumas especificidades em função de sua influência totalitária anterior, como ocorreu mais especificamente na fase tardia dos regimes comunistas sob a URSS. Ao contrário do pluralismo limitado presente nos regimes autoritários, a maioria dos países comunistas mantiveram o partido único totalitário. A ideologia também, embora não tão eficiente como num regime totalitário, se manteve como forma de mobilização das massas.

Exemplo: Fase tardia dos regimes comunistas na Europa sob influência da URSS.

Embora a tipologia de Linz seja ainda a principal referência nos estudos dos regimes autoritários até os dias de hoje, alguns pensadores posteriores também propuseram modelos de classificação. Um deles foi o sociólogo francês Philippe Braud que, no livro *Sociologie Politique*, publicado em 1994, vai organizar os regimes autoritários em quatro tipos.

AUTORITARISMO PATRIMONIAL

Definição: É o tipo de regime autoritário no qual o chefe de Estado se apoiaria em uma legitimidade tradicional (conceito que abordamos no início desta obra, segundo a definição de Weber de que a autoridade do líder estaria vinculada ao modelo familiar, na autoridade natural do pai de família). Nesse modelo, os recursos do Estado se confundiriam com os bens pessoais. Os limites do poder desse regime seriam mais políticos que jurídicos, pois embora ele disponha de um poder absoluto, deve transigir com as ordens sociais existentes.

Exemplos: Monarquias do Antigo Regime, regimes do mundo árabe (monarquias petrolíferas do Golfo)

OLIGARQUIA CLIENTELISTA

Definição: Diz respeito a um tipo de regime que possui uma fachada parlamentar e um pluralismo político aparente, mas cujo poder, de fato, pertence a uma minoria politicamente dominante ligada à elite econômica do país (grandes latifundiários e empresários). As relações se estabelecem a partir de um vínculo clientelista altamente desigual que acontece à margem do Estado, cujo poder de mediação é limitado e não pode garantir um nível satisfatório de imparcialidade, marcado assim, por forte corrupção.

Exemplos: América Latina, principalmente Colômbia.

DITADURA POPULISTA

Definição: Sua origem remonta ao bonapartismo (referência a Napoleão Bonaparte), que é caracterizado por um regime altamente hierarquizado, cujo poder supremo estaria sob a égide de um imperador vitalício. Esse poder alcançaria a legitimidade popular evocando valores patrióticos e defendendo princípios da soberania nacional. O bonapartismo equilibra o controle estatal com a atenção às aspirações populares na cena política. O chamado ao povo por meio do uso de símbolos nacionais (grandeza nacional, líder carismático, prática do sufrágio universal, uso de plebiscitos) reforça a legitimidade do regime, permitindo que ele realize as mudanças desejadas.

Exemplos: Modelo comum no século XX. Turquia, Mustapha Kemal; Egito, com Gamal Abdel Nasser. Na contemporaneidade, a Venezuela, Hugo Chávez.

BUROCRACIA AUTORITÁRIA

Definição: É caracterizado por um Estado que cria e controla instituições intermediárias, principalmente econômicas, culturais e profissionais do país. Há uma autonomia de fachada sobre essas instituições, dando a impressão de que o poder burocrático se manifesta fora do Estado.

Exemplo: Regime russo da era Putin e China pós-maoísta.

O que basicamente diferencia Braud de Linz, além do fato de terem elaborado suas tipologias em épocas diferentes, é o fato de Braud procurar uma simplificação em sua classificação, agrupando os regimes autoritários em apenas quatro tipos, com um menor detalhamento entre eles. Mas talvez a maior contribuição dada pela tipologia de Braud com relação a Linz seja o fato daquele trazer uma versão mais atualizada sobre o cenário político contemporâneo, sobretudo no que diz respeito à dinâmica política do Oriente Médio.

As experiências brasileiras com o autoritarismo

Era Vargas

Como já comentamos anteriormente (no capítulo sobre o Pensamento Autoritário), no início do século XX havia uma tendência, na intelectualidade brasileira, em acreditar que os brasileiros não estariam prontos para a democracia e que, portanto, necessitavam de um regime autoritário forte, que conduzisse o país. Predominava, nesse momento, uma leitura pessimista sobre o povo brasileiro e a ideia de que a nossa identidade nacional ainda estaria longe de ser construída.

Em 1930, apoiado por militares e pelas oligarquias de alguns estados brasileiros que estavam descontentes com a hegemonia paulista no controle do país, o gaúcho Getúlio Vargas ascendeu ao poder por meio de um golpe de Estado (que também ficou conhecido como Revolução de 30) e instituiu um Governo provisório. Como o próprio nome indicava, a justificativa para o golpe era que, diante do caos que se instalara, havia a necessidade de se instaurar um governo de caráter provisório, que organizasse o país, apaziguasse os ânimos entre os Estados, que rompesse com as estruturas que havia entre uma parte da elite brasileira e o Estado, e que, feito isso, novas eleições fossem realizadas. No entanto, isso não aconteceu. De 1934 a 1937, o governo Vargas passou à sua 2ª fase, também conhecida como Governo Constitucional (por causa da nova constituição promulgada por Vargas em 1934).

Sob a justificativa de uma ameaça comunista no país, a eleição de 1938 é cancelada. Um suposto plano comunista de derrubada do governo, chamado "Plano Cohen" é divulgado (hoje se tem conhecimento de que o plano foi inventado pelo próprio governo para justificar as medidas de exceção que seriam implementadas na sequência). Assim, sob a alegação de que estaria apenas se defendendo da ameaça de golpe comunista, Vargas dissolve o Legislativo e anula a Constituição de 1934, dando início à 3ª fase da Era Vargas, também conhecida como Estado Novo, que perdurou de 1937 a 1945. Essa fase é marcada pelo momento de maior recrudescimento do autoritarismo no período Vargas. Uma nova Constituição foi promulgada em 1937 que, entre outras cosias, favorecia a concentração de poder no Executivo e abolia as demais instituições democráticas. Partidos políticos foram colocados na ilegalidade e tanto a perseguição a opositores quanto a prática da tortura foram institucionalizadas. A imprensa, como não poderia deixar de ser em regimes autoritários, foi duramente controlada. Com a criação do DIP (Departamento de Imprensa e Propaganda), Vargas, ao mesmo tempo em que promovia uma intensa propaganda pró-governo, censurava tudo o que a imprensa e as artes realizavam.

Para abrandar o caráter autoritário de seu governo, Vargas fortaleceu seu estilo populista, por meio de uma política trabalhista e desenvolvimentista. Foi pelas mãos dele que surgiram a Justiça do Trabalho (1939) e a CLT (1943). Por essas políticas trabalhistas, Vargas ganhou a alcunha de "pai dos pobres". Criou diversas companhias nacionais, em setores estratégicos, como a Companhia Siderúrgica Nacional (1941), a Companhia Vale do Rio Doce (1942) e Companhia Hidrelétrica do São Francisco (1945).

Em 1945, com um governo fortemente desgastado por pressões internas e externas, Vargas é deposto por meio de outro golpe, realizado pela UDN (União Democrática Nacional) com apoio dos militares. Contudo, devido ao seu grande carisma junto ao povo, voltou ao poder em 1951, dessa vez eleito pelo voto popular. Manteve-se no poder até 1954, quando, fortemente pressionado para renunciar, deu fim à própria vida.

Ditadura Militar

Como resultado de uma confluência de interesses, composta pelo grande empresariado brasileiro, latifundiários, empresas estrangeiras e setores das Forças Armadas, o Golpe de 1964, sob a já conhecida alegação de "ameaça comunista", destituiu o então presidente democraticamente eleito João Goulart e instituiu uma Ditadura Militar, que duraria sombrios 21 anos.

Durante esse período, o Brasil seria comandado por cinco diferentes presidentes-generais, que imporiam um regime autoritário, marcado por forte repressão aos direitos civis e políticos do povo brasileiro. Com base na Doutrina de Segurança Nacional (institucionalizada em 1949 com a fundação da Escola Superior de Guerra – ESG e inspirada na Doutrina de Segurança Nacional de Contenção – DSNC, elaborada no contexto da Guerra Fria nos EUA), os militares viam o país como um organismo vivo, cuja sanidade dependeria da eliminação de toda "doença" que pudesse ameaçá-lo. A principal dessas "doenças" seria o comunismo. Logo, todos os indivíduos que fossem considerados subversivos pelo regime, poderiam ser perseguidos, cassados, ameaçados, exilados, silenciados, torturados, presos e, em muitos casos, eliminados.

Como as instituições democráticas foram esvaziadas, a regulação jurídica brasileira, nesse período, era imposta por meio dos atos institucionais, que eram, na verdade, decretos governamentais com poder de lei, com os quais os militares podiam atuar de maneira totalmente autoritária. Ao longo de toda a ditadura, foram outorgados 19 atos institucionais, entre os quais, o mais famoso foi o AI-5. Assinado em 1968, o AI-5 vigorou até 1978; definiu o momento mais duro do regime e foi responsável por uma lista interminável de ações arbitrárias com efeitos duradouros na história brasileira. Entre os seus 12 artigos se destacam: Possibilidade de fechamento do congresso nacional; intervenção federal nos Estados e municípios; cassação de mandatos parlamentares; suspensão dos direitos de qualquer cidadão; confisco de bens considerados ilícitos; suspensão da garantia do habeas-corpus (remédio constitucional que garante a liberdade do indivíduo diante de uma ameaça de abuso de autoridade).

A ditadura militar, por meio da censura, reprimiu também o livre pensar. Centenas de publicações foram proibidas, as Universidades passaram a ser monitoradas e o movimento estudantil duramente perseguido.

Na política, o multipartidarismo foi substituído por um bipartidarismo de fachada. Ficaram ativos apenas Arena (Aliança Renovadora Nacional), partido dos militares, e MDB (Movimento Democrático Brasileiro), cumprindo o papel de oposição consentida.

Ao analisarmos ambos os períodos ditatoriais no Brasil à luz da tipologia de regimes autoritários proposta por Linz, o caso brasileiro seria caracterizado como regime autoritário do tipo burocrático-militar. Segundo a classificação proposta por Braud, o caso brasileiro seria classificado como uma oligarquia-clientelista.

O retrocesso das democracias

O cientista político estadunidense Samuel Huntington, em seu livro *A terceira onda: a democratização no final do século XX*, publicado em 1994, vai usar, como analogia, o movimento das "ondas" para explicar os avanços e recuos democráticos no mundo. Partindo do pressuposto de que as relações econômicas entre países dependem de um bom convívio entre nações e que a democracia seria uma forma de moldar os países dentro dessas regras de convívio, os países, para se adequarem a esse padrão democrático internacional, vão empreender gradativas mudanças nos seus modelos políticos. A não observância desses padrões poderia significar para o país o sofrimento de sanções econômicas, o impedimento de participar de blocos econômicos, entre outras implicações. Dessa forma, os países tinham que se democratizar e, ao observarmos esse processo político ao longo da história, segundo o autor, é possível constatar que, de tempos em tempos, os países alternam períodos de democratização (de avanço democrático) com períodos de desdemocratização (de recuo democrático). Precisamente como os movimentos das ondas do mar, que vêm e que vão, as democracias obedeceriam ao movimento alternado de avanço e recuo. Nascia assim o conceito de "ondas de democratização" e "ondas de desdemocratização" de Huntington.

- **1ª Onda de democratização** (avanço): iniciada em 1828 e finalizada em 1926 – Período marcado pelas independências de diversos países no mundo.
- **1ª Onda de desdemocratização** (recuo): iniciada em 1922 e finalizada em 1942 – Período entre a 1ª Guerra Mundial até a ascensão dos regimes totalitários nazista e fascista na Europa.

- **2ª Onda de democratização** (avanço): iniciada em 1943 e finalizada em 1962 – Período posterior à 2ª Guerra Mundial.
- **2ª Onda de desdemocratização** (recuo): iniciada em 1958 e finalizada em 1972 – Período marcado pela Guerra Fria e Ditaduras militares na América Latina.
- **3ª Onda de democratização**: iniciada em 1974 e não finalizada* – Tem como marco a Revolução dos Cravos em Portugal.

*Como o livro de Huntington foi publicado em 1994, o processo de democratização, nesse momento, ainda estava em avanço.

Alguns conceituados cientistas e instituições de pesquisa, diante de um cenário político mundial de recorrentes crises democráticas e acentuado autoritarismo, têm afirmado que já estaríamos, há um tempo, no meio dessa terceira onda reversa (desdemocrática) a que Huntington de referia.

Analisando a partir do ponto em que Huntington parou, o sociólogo político estadunidense Larry Diamond, umas das referências mundiais nos estudos sobre democracia, no artigo *Facing up to the democratic recession* (Enfrentando a recessão democrática), publicado em 2015, vai se debruçar justamente sobre a terceira onda democrática começada em 1974 e seus desdobramentos. De maneira geral, o pensador aponta que todos os critérios que determinam o nível democrático de um país (processo eleitoral e pluripartidarismo, liberdades civis, funcionamento do governo, participação política e cultura política), a partir de 1974 tiveram avanços mundiais bastante significativos. Esse avanço, no entanto, teria parado em 2006. Desde 2006, então, o mundo vem assistindo a um declínio progressivo das democracias na mesma medida em que assiste a um aprofundamento do autoritarismo. A esse período ele deu o nome de "recessão democrática".

A informação de que já estaríamos vivendo o período de recessão democrática há quase 15 anos é confirmada pelos dados dos relatórios do *Democracy Index*, da revista *The Economist*. Ele nos trás anualmente dados atualizados sobre a situação política mundial. Publicado desde 2006, o índex traça um panorama sobre os avanços e recuos da democracia ao longo do tempo até os dias atuais. O estudo que resulta no índice, divide os governos em quatro categorias distintas: democracias plenas, democracias incompletas, regimes híbridos e regimes autoritários. Segundo o resultado de 2019, mais de um terço da população mundial vive hoje sob regimes autoritários e quase metade vive sob algum tipo de democracia (plena ou incompleta). No entanto, apenas 5,7 vivem sob uma democracia plena.

Os resultados do índice de 2019 confirmam, então, uma tendência sentida desde 2006: as democracias estão retrocedendo. Na pontuação média global para democracias, numa escala de 0 a 10, houve uma queda de 5,48 em

2018 para 5,44 em 2019. É o pior resultado desde que o índice foi criado, em 2006. Segundo o estudo, o que influenciou essa queda foi uma regressão democrática acentuada na América Latina e na África Subsaariana, uma regressão um pouco menor no Oriente Médio e no Norte da África e por uma estagnação nas outras regiões cobertas pelo índice.

A região que mais contribuiu para o retrocesso global foi a América Latina. Com o pior desempenho em 2019, registrou uma queda de 0,11 em sua pontuação média regional. De 6,24 em 2018, caiu para 6,13 em 2019. A África Subsaariana, que já tinha pontuação baixa, caiu ainda mais: 0,10 pontos. De 4,36 em 2018 para 4,26 em 2019.

Os números dos países acima citados decepcionam, pois havia certa expectativa em torno das transformações positivas que a maioria desses países estava empreendendo. Tratava-se, no entanto, de democracias relativamente novas, portanto ainda frágeis. Um recuo democrático nesses casos, por consequência, não era necessariamente de espantar. Os dados que mais chocaram os analistas, contudo, dizem respeito ao recuo sentido em democracias tidas como consolidadas. Como os EUA, por exemplo, que caíram da 19ª posição (2011) para a 25ª posição (2019). Com pontuação final de 8.11 em 2011, caiu para 7.96 em 2019, o que fez, inclusive, com que o país deixasse de figurar entre as nações categorizadas como "Democracias plenas" em 2011 para figurar entre as "Democracias imperfeitas" em 2019.

A recessão democrática iniciada em 2006 se fez sentir nas estruturas políticas dos países através dos mais variados tipos de ataques: liberdades civis foram limitadas; governos democráticos colapsaram (seja por meio de golpes, seja por meio de métodos mais sutis de intervenção, como fraude eleitoral, por exemplo); demonstrações de abusos de poder por parte de governantes; perseguição a opositores de governos; declínio dos direitos políticos; ataque a instituições democráticas; má governança, entre outros. Entre todos os fatores, contudo, talvez o componente mais relevante da recessão democrática global esteja no recrudescimento do autoritarismo.

Em diversos países do mundo, o espaço para a oposição política vem encolhendo. Defensores de direitos humanos e ativistas pelos direitos civis vivem sob constante assédio e intimidação. A liberdade de imprensa tem sido sistematicamente cerceada. Instituições democráticas têm sido atacadas.

No livro *How Democracies die* (Como as democracias morrem), publicado em 2018, os cientistas políticos americanos Steven Levitsky e Daniel Ziblatt também avaliam que as democracias nos EUA e no mundo estão passando por uma grave crise. Na obra, eles vão mostrar quais os indícios que podem apontar o enfraquecimento de um Estado democrático, podendo mesmo, evoluir para a sua aniquilação total. Alertam para o perigo da destruição da democracia a conta-gotas. Ao contrário da associação histórica que fazemos de rupturas democráticas com golpes de estado ou revoluções, hoje o avanço ao autoritarismo se dá de maneira paulatina, com o enfraquecimento lento e constante de instituições críticas, como o judiciário e a imprensa, e a erosão gradativa de conquistas políticas. Em momentos anteriores, para se manter no poder, os ditadores simplesmente rasgavam a Constituição e eliminavam seus opositores. Hoje, os líderes autoritários têm recursos mais sutis para abusar do poder. Por exemplo, com a manipulação de instâncias judiciais, prendem políticos rivais sob acusação de corrupção, excluindo-os da disputa política; com o auxílio de novas tecnologias de comunicação espalham *fake news* com o intuito de destruir imagens de opositores; propagam discursos radicais, mas sempre se utilizando de recursos de retórica dúbia, para poder recuar a qualquer momento, se necessário for. Enfim, instrumentos autoritários nos efeitos, mas democráticos nas aparências.

Se for ponto pacífico entre os pensadores políticos da atualidade que, desde 2006, estamos passando por um processo de recessão democrática, as perguntas que nos afligem são: até onde essa onda vai? Quando ela termina? Em que condições a democracia estará, no final do processo? Será o fim da democracia?

Como se trata de projeções futurísticas, as respostas para essas perguntas ainda são muito subjetivas. Não obstante, o próprio exercício de se pensar o futuro talvez nos auxilie a olhar para o passado de maneira crítica, entender processos, e encontrar soluções para o tempo presente.

Conclusão

Nossa jornada em busca de uma definição possível para o conceito de autoritarismo nos conduziu por caminhos bastante diversos, mas cheios de significado. Essa verdadeira viagem interdisciplinar foi fundamental para que alcançássemos os três diferentes contextos em que o autoritarismo se manifesta. Passamos pelo universo da mente humana (O indivíduo autoritário), pelo universo das ideias (O pensamento autoritário) e pelo universo político (O Estado autoritário).

No que diz respeito à mente humana, com o auxílio de importantes pesquisas psicossociais, pudemos compreender como o autoritarismo pode se manifestar de maneira subjetiva nos modos de pensar e agir dos indivíduos. No que diz respeito às ideias autoritárias, fomos buscar na produção intelectual humana as bases da construção de um pensamento autoritário, que até os dias atuais têm alimentado ideologias, influenciado ações antidemocráticas e justificado condutas condenáveis de pessoas, grupos ou governos. No que diz respeito ao universo político, fomos buscar nas estruturas do poder governamental autoritário seu funcionamento e dinâmica. Como exemplo, buscamos a experiência brasileira com o autoritarismo de Estado e, com o auxílio de analistas da atualidade, apontamos os riscos que as democracias estão sofrendo com a onda autoritária que estamos vivenciando.

Essa onda autoritária é assustadora, sobretudo no que se refere ao fato de não ser mais, necessariamente, resultado de uma ruptura abrupta no tecido social, como normalmente acontecia no passado. O que antes se dava por meio de golpes ou do uso da violência explícita, hoje acontece de maneira sutil, por vezes mascarada por um verniz democrático. Dessa maneira, direitos são questionados, liberdades reduzidas, agressões praticadas. De pouco em pouco, o autoritarismo vai corroendo as bases da democracia sem que se perceba.

Por esse motivo, mais do que nunca, é necessário um olhar atento aos acontecimentos do presente sob a luz do conhecimento humano. Se de fato estamos assistindo ao fim da democracia, como defendem alguns especialistas, que estejamos prontos para reconstruí-la sobre bases mais sólidas quando esse momento sombrio passar.

Sobre o autor

Vilma Rosa é graduada em História pela PUC-SP, pós-graduada em Responsabilidade Socioambiental pelo Senac-SP, trabalha desde 2001 como servidora no município de Santo André, onde acumulou experiências no universo ambiental, histórico e cultural da cidade. Atuou em educação ambiental, gestão do patrimônio histórico e análise e gestão de projetos culturais. Colaborou com a revista de Sociologia da Editora Escala.

REFERÊNCIAS BIBLIOGRÁFICAS

Livros:

WEBER, Max. *Economia e Sociedade*. Brasília: Editora Universidade de Brasília, 1999.

BOBBIO, Norberto. *Dicionário de política*. Brasília: Editora Universidade de Brasília, 1998.

ADORNO, Theodor; FRENKEL-BRUNSWIK, Else; LEVINSON, Daniel; SANFORT, Nevitt. *The authoritarian Personality*. New York: Harper, 1950.

LINZ, Juan. *Del autoritarismo a la democracia*. Yale: Yale University Press, 1971.

HUNTINGTON, Samuel. *A terceira onda: a democratização no final do século XX*. São Paulo: Ática, 1994.

BRAUD, Philippe. *Sociologie politique*. 1994

LEVITSKY, Steven; ZIBLATT, Daniel. *Como as democracias morrem*. Rio de Janeiro: Zahar, 2018.

SCHWARCZ, Lilia. *Sobre o autoritarismo brasileiro*. São Paulo: Companhia das Letras, 2020.

HOBSBAWM, Eric. *A era dos extremos: O breve século XX – 1914 – 1991*. São Paulo: Companhia das Letras, 1995.

THOMPSON, John B. *Ideology and modern Culture*. California: Stanford University Press, 1991.

Teses, artigos e relatórios:

Liberalismo e democracia Sociologia Política de Oliveira Vianna. Ricardo Silva. 2008.

Charles Maurras e o Surgimento do Integralismo Lusitano: teorias e apropriações doutrinárias. Felipe A. Cazetta. Revista Cantareira. 2012

Relatório: Democracy Index 2019 - A year of democratic setbacks and popular protest. New York: The Economist. 2019.

Relatório: Medo da violência e o apoio ao autoritarismo no Brasil: índice de propensão ao apoio a posições autoritárias. São Paulo: Fórum Brasileiro de Segurança Pública, 2017.

Artigo *Facing up to the democratic recession"*. Larry Diamond. Journal of Democracy, 2015.

Páginas de internet:
https://www.bbc.com/portuguese/brasil-40913908
https://biblioteca.ibge.gov.br/visualizacao/livros/liv101681_informativo.pdf
http://www.fgv.br/cpdoc/acervo/dicionarios/verbete-biografico/amaral-azevedo-do
http://www.eiu.com/Handlers/WhitepaperHandler.ashx?fi=Democracy-Index-2019.pdf&mode=wp&campaignid=democracyindex2019
http://media.folha.uol.com.br/datafolha/2014/09/08/matriz-direita-x-esquerda.pdf
https://noticias.uol.com.br/cotidiano/ultimas-noticias/2020/06/15/o-que-e-300-do-brasil-grupo-de-extrema-direita-liderado-por-sara-winter.htm
https://www.bbc.com/portuguese/internacional-40910927
https://noticias.uol.com.br/politica/ultimas-noticias/2020/05/31/grupo-300-protesto-supremo.htm